中国·唐

一个多元开放的朝代（7至10世纪）

中国文物交流中心 编著

世界知识出版社

指导单位
中华人民共和国国家文物局　法兰西共和国文化部

主办单位
中国文物交流中心　法国吉美国立亚洲艺术博物馆

联合主办单位
陕西省文物局　河南省文物局　甘肃省文物局

江苏省文物局　新疆维吾尔自治区文物局　天津市文物局

协办单位
辽宁省文物局　湖南省文物局

青海省文化和旅游厅（青海省文物局）

宁夏回族自治区文化和旅游厅（文物局）

陕西省文物交流中心

参展机构
天津博物馆　辽宁省博物馆　扬州博物馆　镇江博物馆

洛阳博物馆　洛阳市考古研究院　龙门石窟研究院　偃师博物馆

河南省文物考古研究院　郑州市文物考古研究院　巩义市博物馆　湖南博物院

长沙市博物馆　陕西历史博物馆　陕西省考古研究院（陕西考古博物馆）　西安博物院

法门寺博物馆　西安碑林博物馆　敦煌研究院　甘肃省博物馆

甘肃省文物考古研究所　天水市博物馆　张掖市博物馆　敦煌市博物馆

山丹县博物馆　肃南裕固族自治县民族博物馆　庆城县博物馆　青海藏医药文化博物馆

宁夏回族自治区博物馆　新疆维吾尔自治区博物馆

新疆维吾尔自治区文物考古研究所　吐鲁番博物馆　和田地区博物馆

（依照行政区域划分顺序排列）

展览总策划
李　群

展览总统筹
罗文利　解　冰

展览策划
金瑞国　刘　洋　温大严　谭　平

展览统筹
何晓雷　吴　旻　吴　刚　周　宇
熊　伟　朱稚怡　江宝山　邵明杰
李巧稚　徐恒秋　王筱雯　拾　峰　任　伟　姜　猛
贾　强　毕　胜　程　亮　董富海　蔡　菊　李　军

策展人
罗利君　杜泽瑜　许云燕

展览项目负责
蒋凯宁　王天辰
盛　夏　姚钰晗

展览筹备
施王欢　李　微　赵国铧　张奕鹏　王卓然
王　宇　白昊卉　马　平　马佳煜　张雪萌

展览协调
祖双喜　姚　旸　董宝厚　刘　韫　束家平
张小军　陈彦堂　段晓明　周慧雯
侯宁彬　种建荣　甘洪更　吴海云
魏晓龙　李海霞　戴子佳　张　磊
才洛太　陈永耘　周　媛　王金文　于志勇
（依照参展机构行政区域划分顺序排列）

首席顾问
葛承雍

学术支持
荣新江　赵　永

法国策展人

阿尔诺·贝特朗　法国吉美国立亚洲艺术博物馆中国和韩国藏品馆长
曹慧中　法国吉美国立亚洲艺术博物馆中国藏品负责人

法国吉美国立亚洲艺术博物馆

亚尼克·林茨　馆长
安娜·亚诺韦尔　展览计划与观众部主任
安娜·基利安　展览部主任
阿梅莉·布伊苏　展览协调人
塞西尔·贝克尔　文化与公共外联部主任
奥德·费朗多　出版部主任
索菲·波莱　礼堂经理
玛伊特·维塞多　博物馆规划和标识部主任
尼古拉·吕森　联络主任
和所有团队成员

场景设计

布景：瓦斯特设计室
绘图：普拉斯塔克设计室
照明：奥拉设计室
多媒体：马蒂亚斯·阿贝尔维

序 言

今年是中法建交 60 周年。5 月我访问法国期间，中法双方达成在法国吉美国立亚洲艺术博物馆举办唐代文物展的协议。我很高兴地看到，在两国文物专家共同努力下，"中国·唐——一个多元开放的朝代（7 至 10 世纪）"展览如期开幕。

唐代是中国历史上最鼎盛的一个朝代，经济繁荣、文化昌盛、思想包容、艺术恢弘、民族融合。唐代的文化影响辐射亚洲，并通过丝绸之路传播到欧洲。唐代的诗歌、绘画、金银器等艺术成就至今仍被人们称颂。本次展览将展出来自中国 10 个省（区、市）32 家文博机构的 200 余件（套）精美文物，相信能够让法国和欧洲的观众们更为形象地了解辉煌灿烂、自信开放的盛唐气象，感受中华文明的独特魅力。

中华民族与法兰西民族都有着悠久历史和璀璨文化。两国人民历来相互欣赏、相互吸引，友好交往源远流长。我们要从历史文化中探寻启迪，深化人文领域交流互鉴和文化遗产保护合作，各美其美，美美与共，将历史情感与时代精神融入中法友谊，将中法全面战略伙伴关系打造得更加牢固和富有活力。

预祝展览取得圆满成功！

中华人民共和国主席　习近平
2024 年 10 月 29 日于北京

序　言

为享有盛誉的唐代举办展览实属挑战：如何才能不辜负这段辉煌时期在中国文明史上的特殊地位？

为庆祝法中建交60周年和法中文化旅游年，法国吉美国立亚洲艺术博物馆决定接受这一挑战。如众人所见，该馆曾成功举办了一次具有历史意义的展览。

为庆祝法中建交50周年，吉美博物馆曾举办盛大展览"汉风——中国汉代文物展"。十年后，"中国·唐——一个多元开放的朝代（7至10世纪）"展览将展出许多绝无仅有的作品，包括多件国宝级文物。这些文物离开中国本身就是一件非同寻常的事件。

展览展示了唐代的辉煌及其令人难以置信的创造活力，以及在丝绸之路的背景下，唐代及其他文化地区的交流所带来的令人目不暇接的文化和艺术财富。

法中策展人之间的持续交流与耐心策展让展览得以向公众展示一个迷人文明的方方面面。而在这个文明中，人文、经济和文化交流异常密集和丰富。

如果没有中国各大博物馆与吉美博物馆之间建立的宝贵合作关系，这样的展览是不可能举办的。它是我们两国对文化的重视、文化在双边关系中的核心作用以及两国文化界人士之间对话活力的光辉见证，这种对话也是宝贵的人文交流。

法兰西共和国总统

埃马纽埃尔·马克龙

目 录

引言 … 1

第一单元　走近大唐 … 2

一　大统相继 … 4
二　治理国家 … 10
三　多元文化 … 30

第二单元　营建都城 … 34

第三单元　乐居长安 … 46

一　饮茶文化 … 48
二　饮食文化 … 58
三　女性时尚 … 71
四　乐舞百戏 … 96
五　竞技之美 … 106

第四单元　海纳百川 … 116

一　儒家思想 … 118
二　佛教 … 124
三　道教和道家思想 … 150
四　祆教、摩尼教、景教等外来宗教 … 160

| 第五单元 | 文人世界 | 162 |

第六单元	技臻于美	178
一	何家村窖藏	180
二	法门寺地宫	188
三	瑰丽的材质	194

| 第七单元 | 长安西望 | 200 |

| 第八单元 | 扬帆出海 | 244 |

结　语　　　　　　　　　　　　　　　　　　　　　260

后　记　　　　　　　　　　　　　　　　　　　　　263

专家论文

世界的长安——胡风唐雨吹拂的胡姆丹	葛承雍	266
唐长安城的建设与规划布局	龚国强	274
唐代的对外交往与陶瓷贸易	秦大树	282
唐代宫廷的艺术	齐东方	288
唐代丝路上的服饰时尚圈	赵　丰	292
隋唐时期的中原与丝绸之路	陈彦堂	302

引 言

晓声隆隆催转日,暮声隆隆呼月出。

——李贺《官街鼓》

7世纪的长安,随着清晨鼓声的响起,这座当时世界上最大城市的城门相继打开,街道两旁有数以百计的坊、官署、店肆、寺庙,成千上万来自疆域内外的官员、商人、艺术家、工匠、僧人也开启了他们的一天。欢迎来到大唐的都城长安,共同见证伟大辉煌的唐代!

西晋末年以来由分裂走向复归统一的大业,在隋朝得以完成。随后建立的唐朝在政治、经济上实行一系列改革,经济繁荣、文化灿烂、国力雄厚、盛名远播,大唐盛世由此开启。

唐朝疆域广阔,友好八方。制度完备,昭若日明。生活多彩,文艺勃兴。大唐风华,历久弥新,她留下的宝贵遗产穿透时光、跨越地缘,存在于巴黎、纽约和世界各地唐人街的人间烟火中,也存在于首尔、奈良古寺古城的飞檐斗拱里。那些乐观向上、自信开放、融合共生的时代精神,泽被古今,为推动构建长治久安的世界大家庭贡献中国智慧。

中国·唐——一个多元开放的朝代
（7至10世纪）

第一单元　走近大唐

商旅野次，无复盗贼，囹圄常空，马牛布野，外户不闭。又频致丰稔，米斗三四钱，行旅自京师至于岭表，自山东至于沧海，皆不赍粮，取给于路。

这是对唐太宗统治时期（626-649年）善政的描述。

据当时进行的人口普查估算，唐朝在鼎盛时期有5000余万人口。到754年，唐朝约有1859座城市，包括321个郡、1538个县。唐朝沿用了隋朝的中央行政制度，构建了严密的官员机构，制定了完备的法律，将分科考试选拔出的人才分派各地，加强了中央集权。唐朝社会经济取得了长足进步，不仅农业、手工业、商业欣欣向荣，而且各地贸易蓬勃发展。通过有效治理，保障了横贯欧亚大陆"丝绸之路"的顺畅通行，与沿线民族和平友好地开展贸易与文化交流。

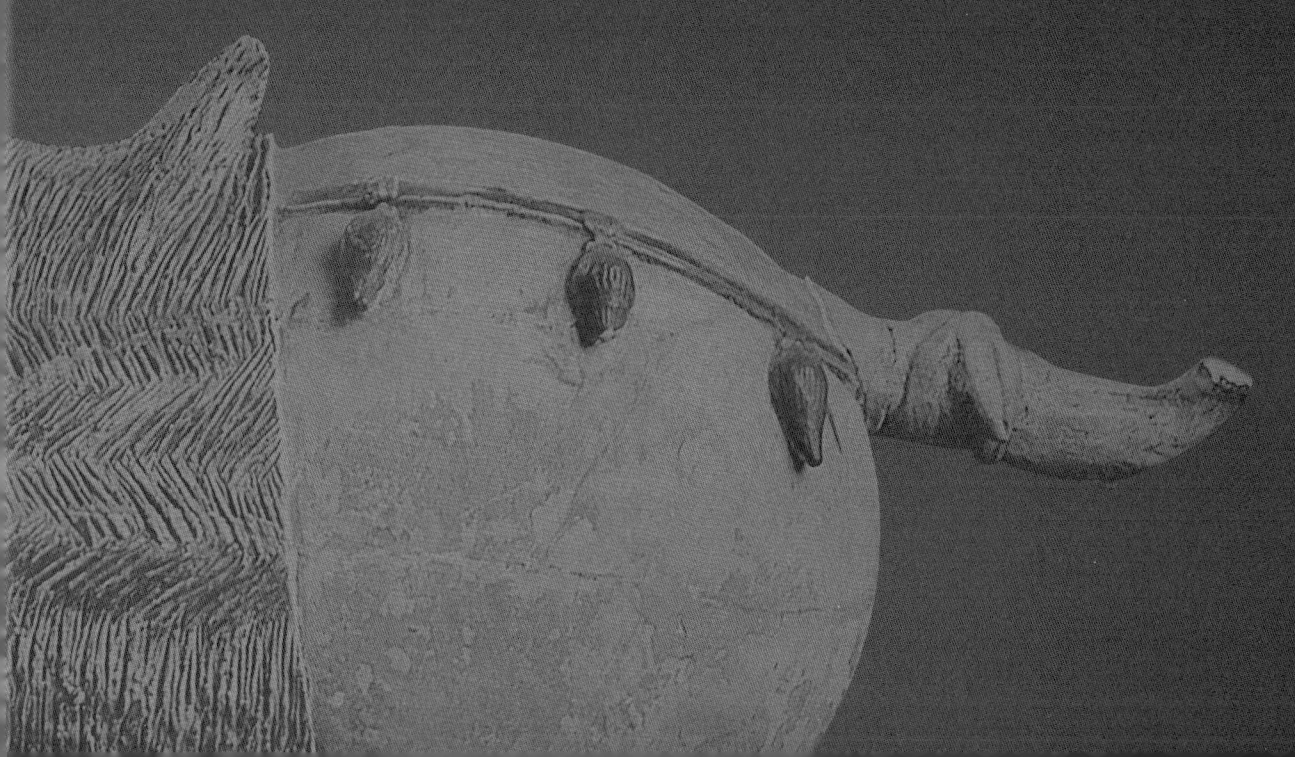

中国·唐——一个多元开放的朝代（7至10世纪）

一
大统相继

　　唐高祖李渊（618-626年在位）在隋末起兵建立唐朝，天下由战乱走向统一与和平。唐太宗李世民（626-649年在位）统治时期，吸取隋亡的教训，轻徭薄赋，劝课农桑，戒奢从简，知人善任，虚怀纳谏，使国家出现了开明的政治局面，史称"贞观之治"。中国历史上唯一的女皇帝武则天（690-705年在位）统治时期，社会经济持续发展。至唐玄宗（712-756年在位）时期，整治吏治，选贤任能，发展生产，大兴文治，改革兵制，将唐朝推向全盛时期，史称"开元盛世"。

第一单元　走近大唐

三彩牵马俑

年代：唐
质地：陶
尺寸：俑高 80.5 厘米
　　　马高 92.5 厘米
　　　马长 100 厘米
收藏单位：陕西省考古研究院（陕西考古博物馆）

武周"天册万岁"镜

年代：唐
质地：铜
尺寸：直径 11.1 厘米
收藏单位：天津博物馆

第一单元 走近大唐

"天马蹴(蹄)"镜

年代：唐
质地：铜
尺寸：直径 8.6 厘米
收藏单位：天津博物馆

十四国蕃君长头像（残）

年代：唐
质地：石
尺寸：残高 20 厘米
　　　残宽 13.2 厘米
收藏单位：陕西省考古研究院（陕西考古博物馆）

蕃酋像

年代：唐
质地：石
尺寸：高 133.5 厘米
　　　宽 58.5 厘米
收藏单位：陕西省考古研究院（陕西考古博物馆）

蕃酋造像为石灰岩质地，站立姿态，身躯与踏座为整块石材雕刻，整体圆雕工艺。石人体态略宽，腹部微凸，两臂下垂曲肘，双手隐袖内合揖于胸前。身着窄袖袍服，衣襟右衽，领口向两侧外翻。腰系带，带扣在腹前左侧，腰带正面有6个带銙，銙上有扣，带上垂下3根系带，系弯刀，刀垂于小腹，刀柄较短。足部残损。石人轮廓及线条刻画流畅，衣袖及衣襟下摆均刻画出衣纹褶皱，赋予石人以动感姿态，腰部两侧刻出系腰带后袍服壅坠下垂的细节，显示石刻带有高度的写实性。

二 治理国家

　　唐朝的政治决策中心由中书省、门下省和尚书省组成。三省的职权分工明确，又彼此制约。中书省负责草拟皇帝的诏令；门下省负责审核诏令；尚书省负责执行诏令，其下设吏、户、礼、兵、刑、工六部，分工处理各项具体政务。唐初许多官员是因家族地位或推举选送而被录用，后来科举考试成为人才选拔的主要途径，并在唐以后延续了一千多年。

　　唐初，民间使用的仍是隋代的轻钱，积八九万枚才满米斛。为改变这一弊端，唐高祖李渊于武德四年（621年），铸行形制、重量统一的"开元通宝"铜钱，使隋朝混乱的币制得以终结；政府实行两次税制改革，前期实行租庸调制，后期实行两税法；农业生产工具进步，出现了曲辕犁、水车和筒车，手工业和商业发达，促进了唐朝经济社会的繁荣和发展。

　　文官俑，头戴进贤冠，上着绿色宽袖上衣，外系黄、绿色两裆铠，下着白袴，足穿绿色云头翘靴，腰间系带，双手交捧拱于胸前，立于圆形台座上。面带微笑，神态儒雅，面部表情中透露着忠厚，似为一位比较正直的官吏。

三彩文官俑

年代：唐
质地：陶
尺寸：高110厘米
　　　宽25厘米
　　　厚21厘米
收藏单位：洛阳博物馆

武官俑,头戴鹖冠,上着褐黄色宽袖上衣,领及袖口均镶绿边;外系黄绿色两裆铠,腰间系带,下着白袴,足着尖头履。双手捧笏拱于胸前,立于圆形高台上。面部丰腴,笑容可掬,八字胡须微翘,似正在领旨听命。

三彩鹖冠武官俑

年代:唐

质地:陶

尺寸:高 116 厘米
　　　宽 25 厘米
　　　厚 23 厘米

收藏单位:洛阳博物馆

这两件人俑体形高大,釉色艳丽,从人物的衣褶、身材、神态各方面看,不失为一对精美之作。文武官俑,为唐代贵族墓中常见的随葬器物,一文一武,成对出现。

中国·唐——一个多元开放的朝代（7至10世纪）

跪拜俑

年代：唐
质地：陶
尺寸：高 39 厘米
　　　长 47 厘米
收藏单位：陕西省考古研究院（陕西考古博物馆）

彩绘跪爬俑

年代：唐开元十八年（730 年）
质地：陶
尺寸：高 10 厘米
　　　长 40 厘米
收藏单位：庆城县博物馆

《唐书地理志》（复制品）

年代：唐
质地：纸
尺寸：长 301.9 厘米
　　　宽 31 厘米
收藏单位：敦煌市博物馆

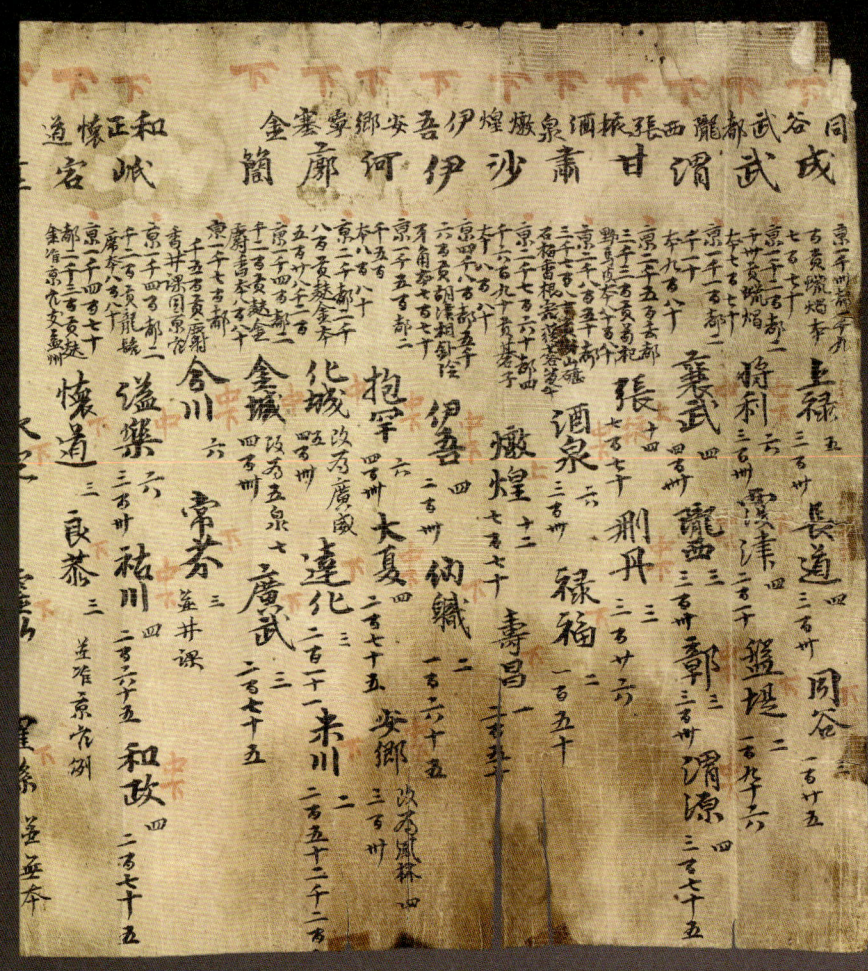

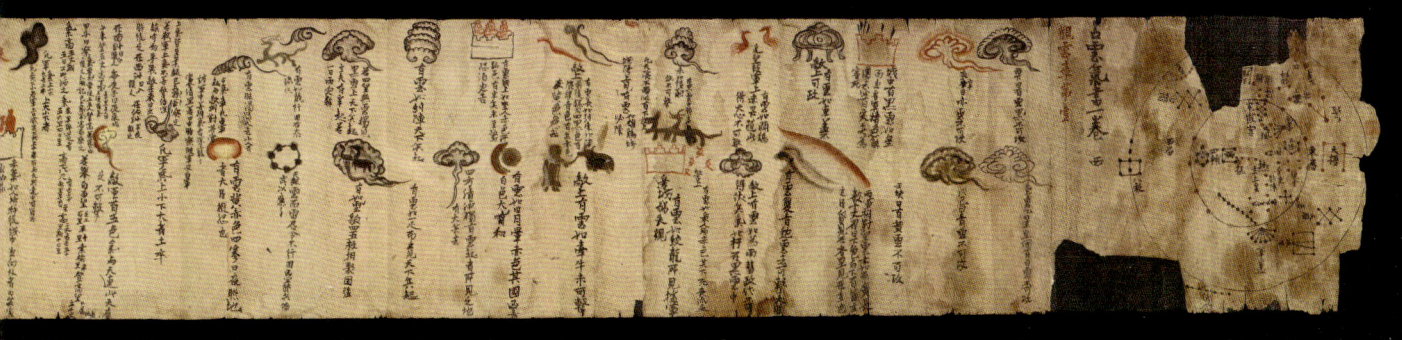

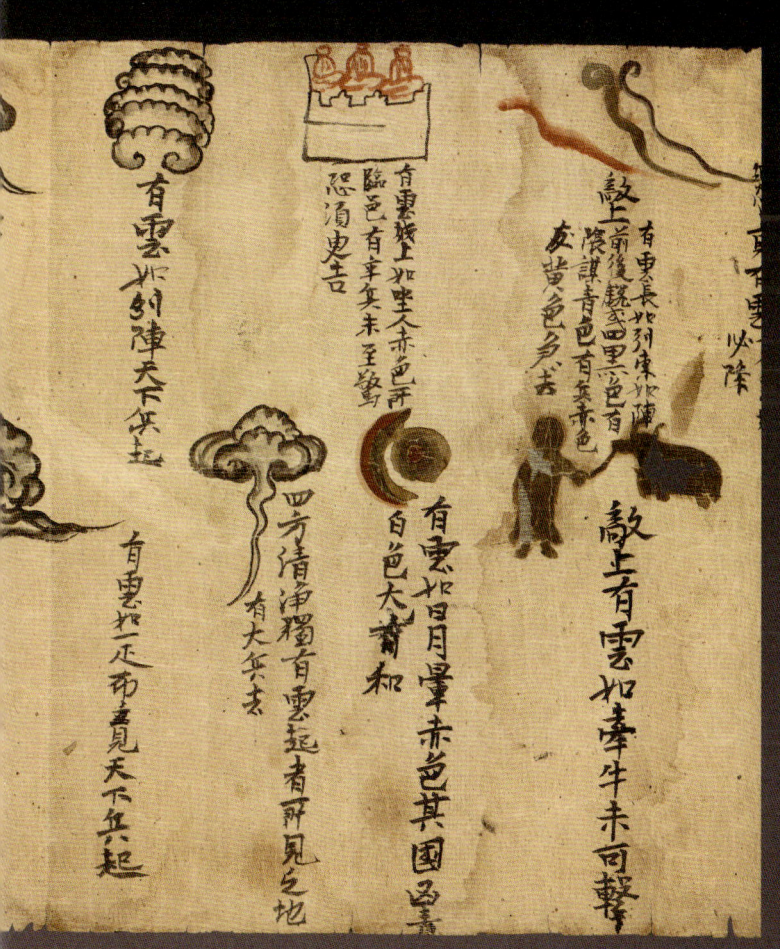

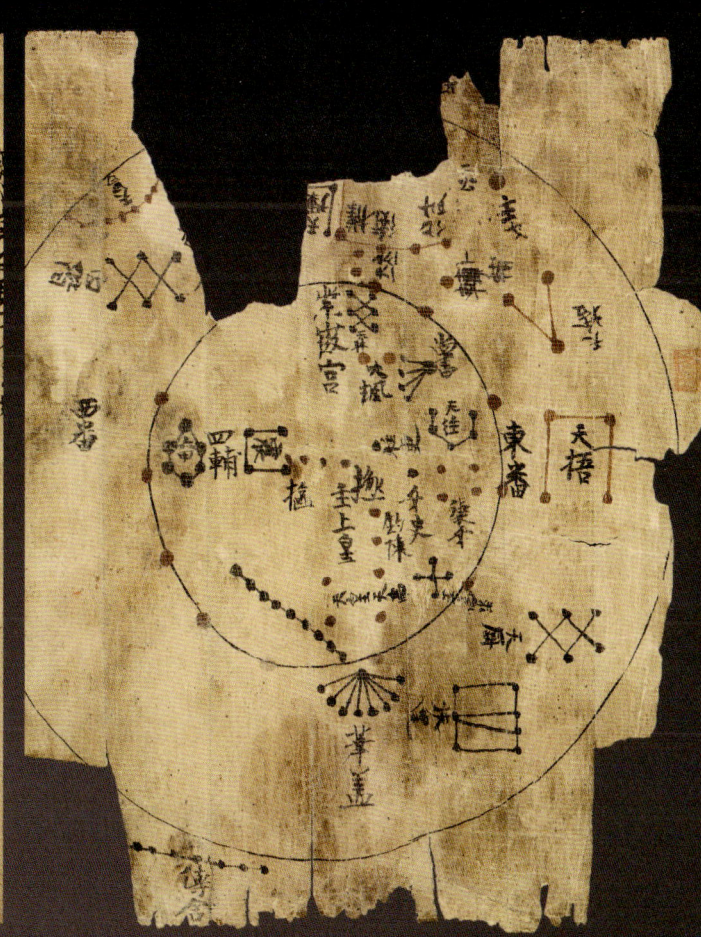

"开元通宝"钱(两枚)

年代:唐
质地:铜
尺寸:直径 2.4 厘米
　　　厚 0.1 厘米
收藏单位:洛阳博物馆

"左羽林军"鱼符

年代：唐
质地：铜
尺寸：长 5.3 厘米
　　　宽 1.8 厘米
收藏单位：天津博物馆

中国·唐——一个多元开放的朝代（7至10世纪）

彩绘贴金甲马俑

年代：唐
质地：陶
尺寸：高 35 厘米
　　　长 30 厘米
收藏单位：陕西历史博物馆

三彩背弓骑马俑

年代：唐
质地：陶
尺寸：高 36.5 厘米
　　　长 28 厘米
收藏单位：陕西历史博物馆

某年经京北府过所

年代：唐
质地：纸
尺寸：长 24.5 厘米
　　　宽 16.4 厘米
收藏单位：吐鲁番博物馆

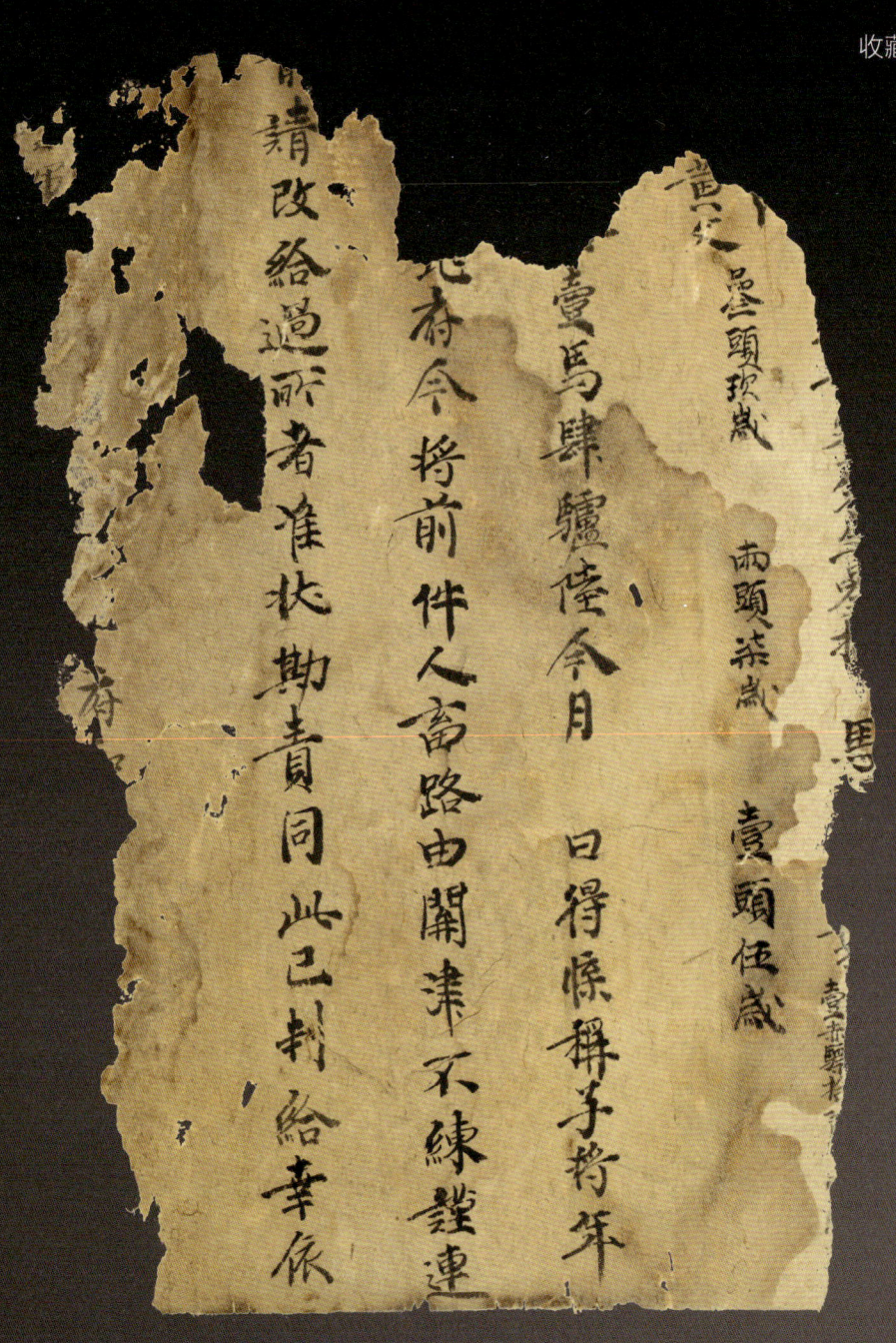

彩绘骑马俑

年代：唐
质地：陶
尺寸：高 41 厘米
　　　长 34 厘米
　　　宽 14 厘米
收藏单位：西安博物院

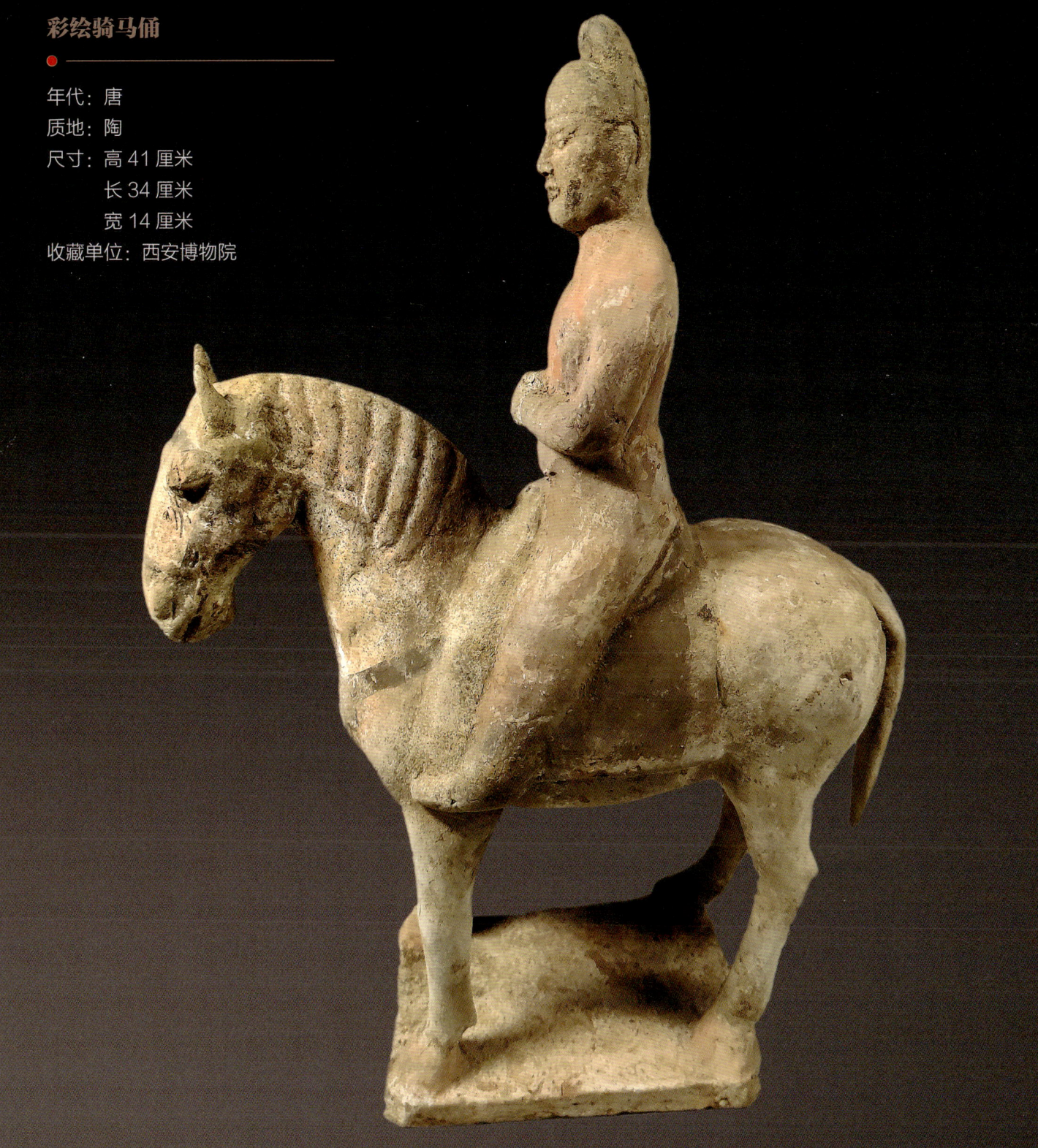

彩绘骑马俑

年代：唐
质地：陶
尺寸：高 31 厘米
　　　长 23 厘米
　　　宽 11 厘米
收藏单位：西安博物院

红陶大翻领风帽俑（三件）

年代：唐
质地：陶
尺寸：高 21.5 厘米
收藏单位：西安博物院

彩绘幞头仪仗男立俑（两件）

年代：唐
质地：陶
尺寸：高 39 厘米
收藏单位：陕西省考古研究院
（陕西考古博物馆）

第一单元　走近大唐

三彩骑马俑、伎乐俑（两件）

年代：唐
质地：陶
尺寸：左：高 37.5 厘米
　　　　 长 30 厘米
　　　右：高 34.5 厘米
　　　　 长 32 厘米
收藏单位：陕西省考古研究院
　　　　（陕西考古博物馆）

彩绘陶男骑马俑

年代：唐
质地：陶
尺寸：高 33.5 厘米
　　　长 30.5 厘米
收藏单位：陕西历史博物馆

三彩马

年代:唐
质地:陶
尺寸:高 58.7 厘米
　　　长 57 厘米
收藏单位:陕西省考古研究院(陕西考古博物馆)

中国·**唐**——一个多元开放的朝代
（7至10世纪）

质地：陶

尺寸：高 75.3 厘米

　　　长 85 厘米

　　　宽 22.8 厘米

收藏单位：洛阳博物馆

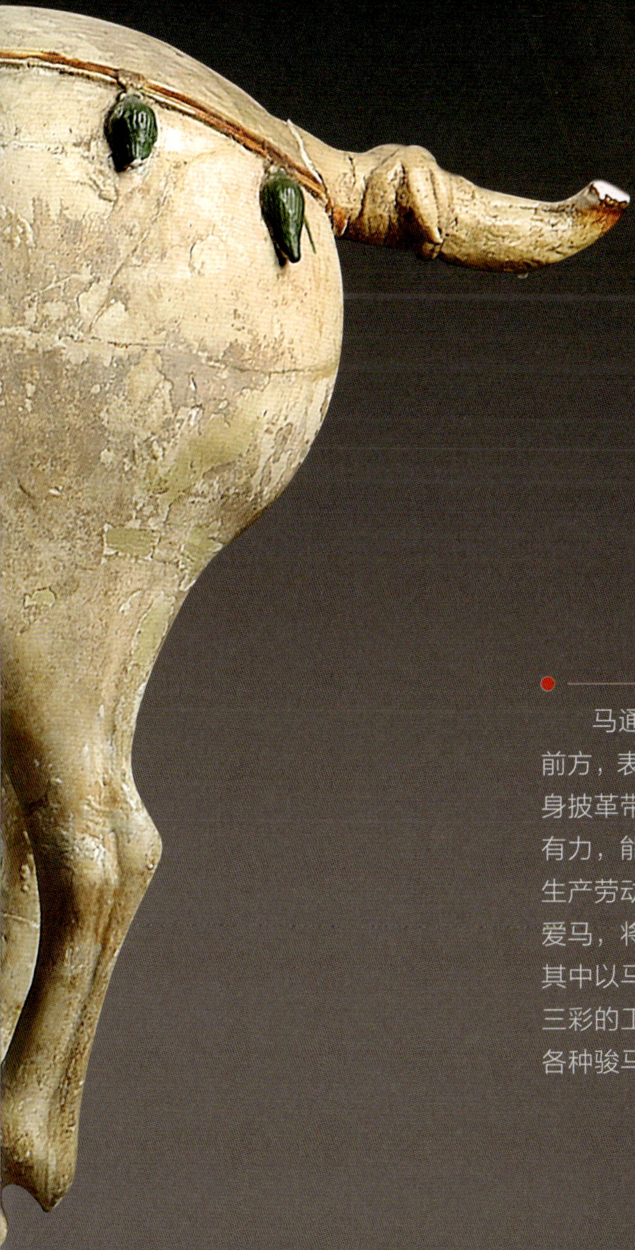

马通体饰白釉，头颅微侧，两耳耸立，卷尾上翘，双目圆睁，直视前方，表现出伫立时气定神闲的轩昂之姿。头戴络头，背部鞍、鞯俱全，身披革带，额头、两颊、前胸以至臀部依次系挂绿色桃形垂饰。马劲健有力，能役善战，在唐代是力量和速度的象征。无论是冲锋陷阵，还是生产劳动；无论是宫廷的典礼，还是贵族的游乐，都离不开马。唐太宗爱马，将骑马狩猎视为大丈夫三大乐事之一。唐三彩中动物题材很多，其中以马最为常见，也被塑造得最为传神，体现了唐人的爱马情结。唐三彩的工匠们以熟练的技术，灵巧的刀法，流畅的线型，生动地塑造出各种骏马形象，折射出唐王朝盛世风貌。

三
多元文化

唐代中国是一个统一开放的多民族国家,因其强大的文化包容性,展现出空前的兼容并蓄时代特质。唐朝对外交流活跃,来自新罗、日本、波斯、真腊、天竺、大食、拂菻的商人、使节、留学生来到中国进行贸易和文化、学术交流。

第一单元 走近大唐

三彩兽首驮包骆驼

年代：唐
质地：陶
尺寸：高 65 厘米
　　　长 82 厘米
　　　宽 26 厘米
收藏单位：洛阳博物馆

三彩高胡帽牵马俑

年代：唐
质地：陶
尺寸：高 68 厘米
　　　宽 23 厘米
　　　厚 15 厘米
收藏单位：洛阳博物馆

三彩幞帽牵马俑

年代：唐
质地：陶
尺寸：高 64 厘米
　　　宽 25 厘米
　　　厚 19 厘米
收藏单位：洛阳博物馆

中国·唐——一个多元开放的朝代（7至10世纪）

第二单元　营建都城

　　唐朝都城长安，是当时世界上最大的城市。长安城地理位置优越、布局严谨、结构对称，由宫城、皇城和郭城三部分组成。皇帝生活的宫城和中央衙署办公的皇城位于城市北部。朱雀大街位于长安城的南北中轴线上，是当时世界上最宽、最大的长街。百姓居住在郭城，其被11条南北大街和14条东西大街整齐地划分为110个长方形区域，被称为"里坊"，其间生活着近百万人口。郭城中东、西各有一个市场，分别占地约1平方公里。东市和西市是长安城的经济活动中心，不仅为居民提供贸易生计服务，也是当时全国工商业贸易中心，还是中外各国进行经济交流活动的重要场所。遍布城内外的寺院道观，占据着重要位置。其中，最有名的荐福寺小雁塔和慈恩寺大雁塔，一南一北，点缀其间，佛号声声，香火不绝。长安城的建造设计体现了中国古代传统的建筑智慧，对世界的城市建设产生了深远影响。

　　长安并非唐朝唯一的都城。女皇武则天（690-705年在位）曾长期居住在长安以东的洛阳城（即"东都"），还有太原城（即"北都"）。

第二单元　营建都城

百千家似围棋局，十二街如种菜畦。
遥认微微入朝火，一条星宿五门西。
——白居易《登观音台望城》

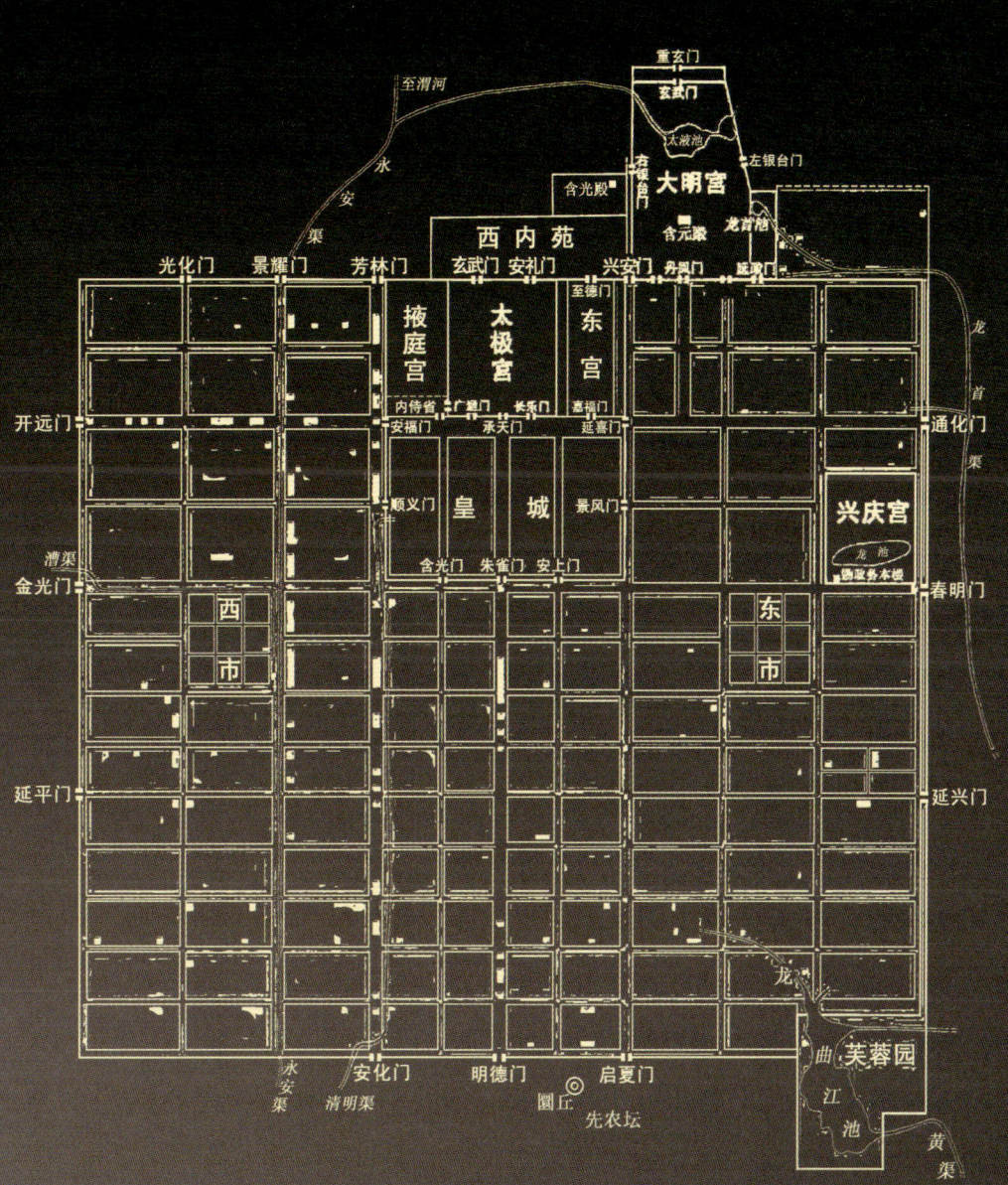

莲花纹瓦当

年代：唐
质地：陶
尺寸：直径 14 厘米
收藏单位：陕西历史博物馆

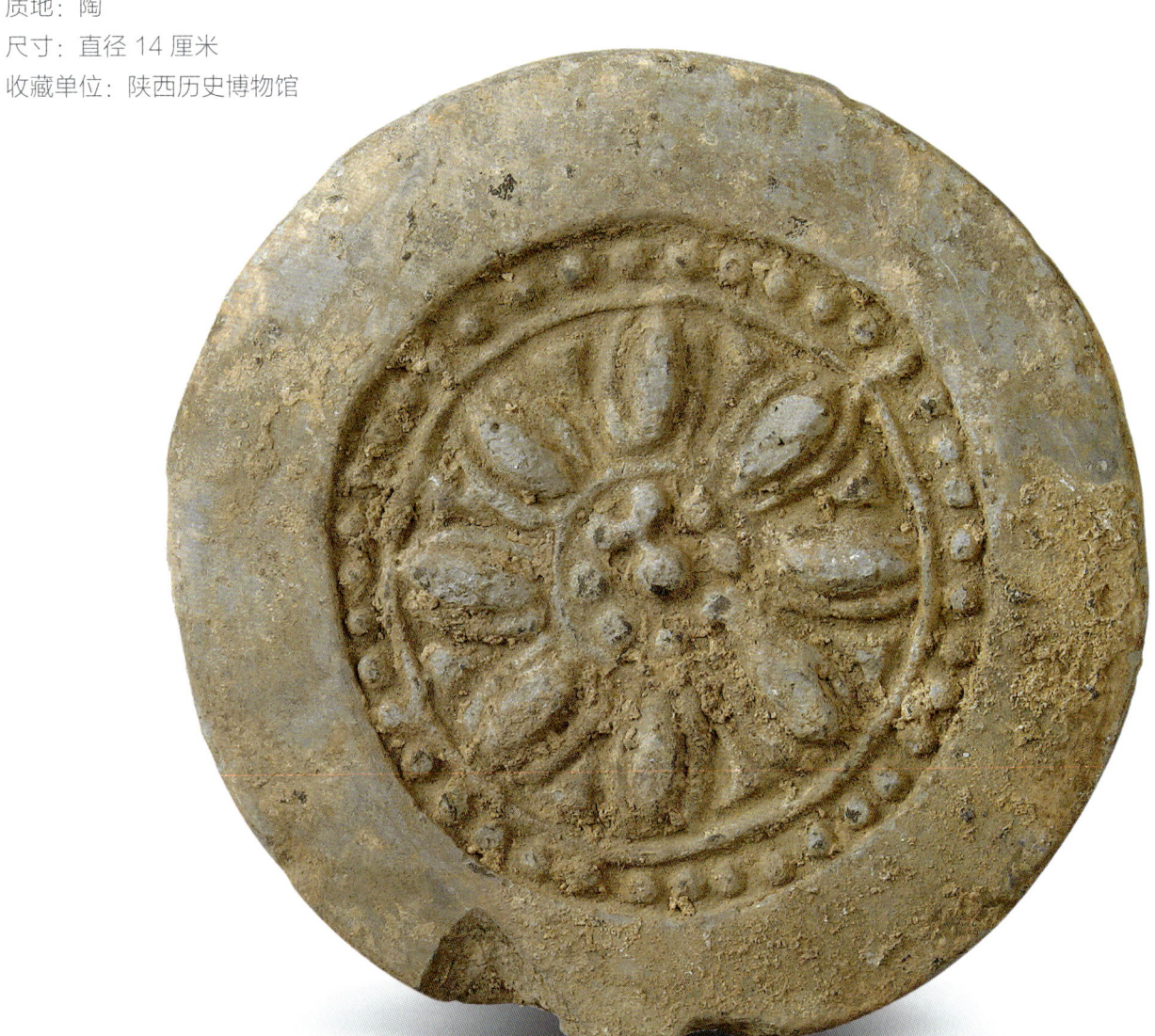

第二单元　营建都城

七乳钉心莲珠瓣纹瓦当

年代：唐
质地：陶
尺寸：直径 12.5 厘米
　　　宽 2.3 厘米
收藏单位：西安博物院

中国·唐——一个多元开放的朝代
(7至10世纪)

莲花纹瓦当

年代：唐
质地：陶
尺寸：长 32 厘米
　　　直径 15.5 厘米
收藏单位：西安博物院

年代：唐
质地：陶
尺寸：长 25 厘米
　　　宽 23 厘米
收藏单位：陕西省考古研究院（陕西考古博物馆）

黑釉兽面纹脊头瓦

年代：唐
质地：瓷
尺寸：长 14.5 厘米
　　　宽 14.5 厘米
收藏单位：陕西省考古研究院（陕西考古博物馆）

兽首衔环铺首

年代：唐
质地：铜鎏金
尺寸：直径 26.5 厘米
收藏单位：西安博物院

中国 · **唐**——一个多元开放的朝代
（7 至 10 世纪）

莲花纹方砖

年代：唐
质地：陶
尺寸：长 33 厘米
　　　宽 33 厘米
收藏单位：陕西历史博物馆

戳记文字砖

●————————————

年代：唐
质地：陶
尺寸：长 36.5 厘米
　　　宽 17 厘米
　　　厚 6 厘米
收藏单位：西安博物院

中国·唐——一个多元开放的朝代
（7 至 10 世纪）

手印砖

年代：唐
质地：陶
尺寸：残长 29.5 厘米
　　　宽 20 厘米
　　　厚 7 厘米
收藏单位：西安博物院

斗拱

年代：唐
质地：木
尺寸：斗高 14.8 厘米
　　　斗长 12.2 厘米
　　　拱高 17 厘米
　　　拱长 75 厘米
收藏单位：吐鲁番博物馆

第二单元 营建都城

鸱吻

年代：唐
质地：陶
尺寸：高 90 厘米
　　　长 61 厘米
　　　尾宽 28 厘米
　　　吻宽 17.5 厘米
收藏单位：陕西省考古研究院
　　　　　（陕西考古博物馆）

中国·唐——一个多元开放的朝代
（7至10世纪）

第三单元　乐居长安

社会经济的长足发展和对外贸易的空前繁荣,使长安城以更加自信的姿态和宽阔的胸怀迎接八方来客。人与物的流通、集聚及其带来的生活方式、习俗风尚的交汇融通,催生出多姿多彩的生活。西市是长安城的主要工商业区,售卖来自域外的香料、药物等奇珍异宝,是当时著名的对外贸易市场。东市是长安城的手工业生产中心,提供盐、茶叶和丝绸等必需品。街道上饭店、酒肆和茶馆林立,居民家中宴客待宾,乐舞杂技,花团锦簇,一派繁华热闹的景象。

唐政府对长安城特别是东、西两市实行严格的定时贸易与宵禁制度。两市的大门随城门、街门和坊门共同启闭,并设有门吏专管。这些制度维护了社会治安,保障了百姓安居乐业。

中国·唐——一个多元开放的朝代
(7至10世纪)

一
饮茶文化

　　唐代陆羽（733-804年）所撰《茶经》，约于764年后成书，是中国乃至世界上现存最早、最全面介绍茶的著作。书中详细论述了茶的生产、加工、煎煮、饮用、器具及有关的典故传说等，从而把饮茶活动推向高潮。唐人将茶饼碾碎成末后煎煮饮用。从文人墨客的著作和诗歌中也可看出当时饮茶的讲究。

　　人们不仅饮茶以止渴，也通过喝茶的仪式来净化心灵。窖藏、墓葬以及寺院遗址中出土的茶具，为唐代的饮茶习俗提供了实证资料，法门寺地宫出土的御用茶具、丁卯桥窖藏出土的錾刻荷叶形盐台银盖是其中的精美代表。

　　这套三彩茶具出土于巩义唐墓，主要有炉、碾、执壶、盂、茶盘等器物以及煮茶坐俑等。这套三彩茶具出土墓葬有明确纪年，墓主人葬于唐文宗太和六年（832年），是迄今考古所见最早的、较为全面地反映《茶经》等文献记载的唐代茶事中从碾茶、煮茶、分茶到饮茶的过程，展现了当时人们茶事生活图景。煮茶坐俑是目前国内首个再现中国"茶圣"陆羽煮茶形象的唐代三彩器，也是我国迄今发现最早的与陆羽形貌相关的实物资料。此外，出土茶具的墓葬墓室只有4平方米，说明墓主人等级不高，这也印证了当时茶文化的流行，这些新发现为推动唐代茶文化研究提供了极为珍贵的资料，具有重要的学术价值。

三彩茶具及坐俑模型（一组）

年代：唐
质地：陶
尺寸：酱釉执壶：高 6.2 厘米
　　　　　　　口径 3.6 厘米
　　　　　　　底径 2.7 厘米

　　　三彩炉及坐俑：高 11 厘米
　　　　　　　　　长 9 厘米
　　　　　　　　　宽 5.9 厘米

　　　三彩盂：高 1.9 厘米
　　　　　　　口径 5.8 厘米
　　　　　　　底径 2.5 厘米

　　　三彩茶盘：高 4.9 厘米
　　　　　　　长 15 厘米
　　　　　　　宽 11.8 厘米

　　　绿釉盂：高 2.2 厘米
　　　　　　　口径 4.3 厘米
　　　　　　　底径 3.6 厘米

　　　酱釉茶碾：碾高 2.4 厘米
　　　　　　　碾长 7.5 厘米
　　　　　　　碾宽 2.4 厘米
　　　　　　　碾轮径 3.7 厘米

收藏单位：巩义市博物馆

中国·唐——一个多元开放的朝代（7至10世纪）

青釉碗

年代：唐
质地：瓷
尺寸：高 3.8 厘米
　　　口径 15.1 厘米
　　　底径 7.9 厘米
收藏单位：西安博物院

研茶钵

年代：唐
质地：白玉
尺寸：高 3.8 厘米
　　　口径 8.2 厘米
　　　底径 4 厘米
收藏单位：洛阳博物馆

渣斗

年代：唐
质地：瓷
尺寸：高约 10 厘米
　　　口径约 13 厘米
收藏单位：洛阳博物馆

中国·唐——一个多元开放的朝代（7至10世纪）

执壶

年代：唐
质地：银
尺寸：通高 25.4 厘米
　　　口径 6.6 厘米
　　　底径 8.4 厘米
收藏单位：镇江博物馆

茶托

● ───────────

年代：唐
质地：银
尺寸：高 8.5 厘米
　　　口径 8.8 厘米
收藏单位：镇江博物馆

中国·唐——一个多元开放的朝代（7至10世纪）

荷叶形器盖

年代：唐
质地：银
尺寸：高 7.3 厘米
　　　口径 20.6 厘米
收藏单位：镇江博物馆

錾花鱼水纹海棠式盏托

年代：唐
质地：银鎏金
尺寸：盏高 3.7 厘米
　　　盏长 13.9 厘米
　　　盏底径 6.7 厘米
　　　托径 20.2 厘米
收藏单位：洛阳博物馆

由盏和托组成，均银质鎏金。托为荷叶口，浅腹，平底，口沿錾刻四对双鱼纹，腹部以鱼子纹为地，饰一圈大雁纹，底部饰由草叶组成的几何纹。盏为海棠花口，口沿饰一圈花叶，底部錾刻水波纹，水波中有双鱼戏一火焰珠。盏、托是配套使用的茶具，盏依托，托承盏，盏、托一体。唐代饮茶成风，饮茶器具之精美由此物可见。其造型和纹饰有粟特、波斯金银器之风，堪称唐代金银器中的精品。

中国·唐——一个多元开放的朝代
（7 至 10 世纪）

火箸

年代：唐
质地：银
尺寸：长 32 厘米
收藏单位：镇江博物馆

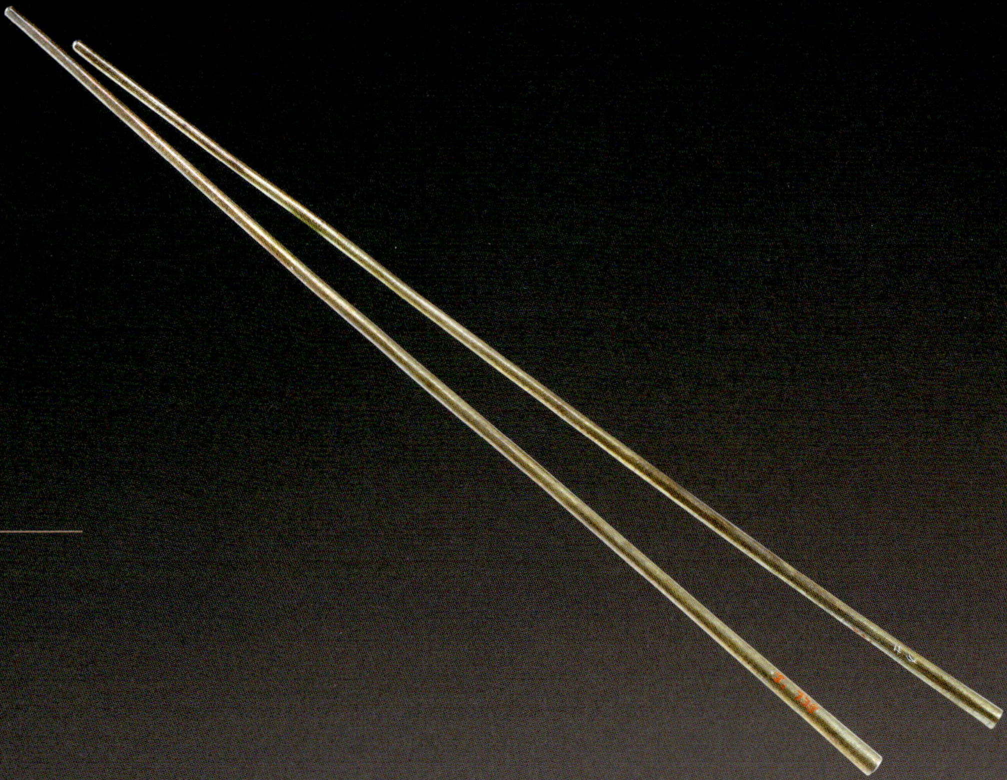

茶则

年代：唐
质地：银
尺寸：长 33 厘米
收藏单位：镇江博物馆

第三单元 乐居长安

茶勺

年代：唐
质地：银
尺寸：长 26 厘米
收藏单位：镇江博物馆

二 饮食文化

唐代的许多诗歌和绘画都描述了宴会的盛况和食物的多样性。南方盛行米饭，北方喜食面食，在新疆吐鲁番出土了饺子、馄饨等带馅面食。唐人喜欢吃各种本地水果（柑橘、梨、柿子、荔枝）和外来水果（甜瓜、葡萄和石榴），以及羊肉和鱼肉。人们饮用不同类型的酒（黄酒〔谷物酒〕、米酒和葡萄酒），这些酒也在社交活动中扮演着重要的角色，有时还是文人们的灵感源泉。为盛放这些不同食物而制作的专用器皿，见证了餐桌艺术的精湛。

草叶纹花瓣口高足杯

年代：唐
质地：银
尺寸：高 5.7 厘米
　　　口径 7.4 厘米
　　　底径 3.7 厘米
收藏单位：洛阳博物馆

中国·唐——一个多元开放的朝代
(7 至 10 世纪)

酒具（六件）

年代：唐
质地：玻璃
尺寸：高 2.6-5.2 厘米
收藏单位：陕西省考古研究院（陕西考古博物馆）

该器物组合由六件绿色玻璃器组成，包含一件盂，一件瓶，一件高足杯及三件矮足杯。

盂：敛口，弧腹，平底，高约 2.6 厘米，口径约 1.5 厘米，腹部最大直径约 4.6 厘米，厚度约 0.1 厘米。

瓶：口部呈喇叭口，为平口圆唇，细长颈，弧腹，最宽处偏上部，平底。高约 5 厘米，口径 1.6 厘米，腹径约 3.2 厘米，足径 1.5 厘米。

高足杯：侈口，圆唇，深腹，腹底部略向内斜收为小平底，平底下连接一小平盘，盘下为喇叭形高足。高约 5.2 厘米，口径约 4.3 厘米，底径约 2.6 厘米，足高约 1.6 厘米。

矮足杯：敞口，斜直腹，圈足外撇。高约 2.9-3.1 厘米，口径约 3.3-3.6 厘米，足径约 1.1-3.4 厘米，足高约 0.2-0.3 厘米。

中国·唐——一个多元开放的朝代
（7至10世纪）

长沙窑青釉褐绿彩飞凤纹执壶

年代：唐
质地：瓷
尺寸：高 23 厘米
　　　口径 10.7 厘米
　　　底径 12.3 厘米
收藏单位：湖南博物院

青釉褐彩"酒盏"铭文盏

年代：唐
质地：瓷
尺寸：高 3.8 厘米
　　　口径 10.6 厘米
　　　足径 3.6 厘米
收藏单位：湖南博物院

长沙窑青釉莲花纹高足海棠形瓷杯

● ————————————

年代：唐
质地：瓷
尺寸：高 5 厘米
　　　长 12.4 厘米
　　　宽 5 厘米
收藏单位：长沙市博物馆

三彩人形注七星盘

年代：唐
质地：陶
尺寸：盘高 4.2 厘米
　　　口径 24 厘米
收藏单位：洛阳博物馆

三彩龙首杯

年代：唐
质地：陶
尺寸：高 6.8 厘米
　　　口径 7.5 厘米
收藏单位：洛阳博物馆

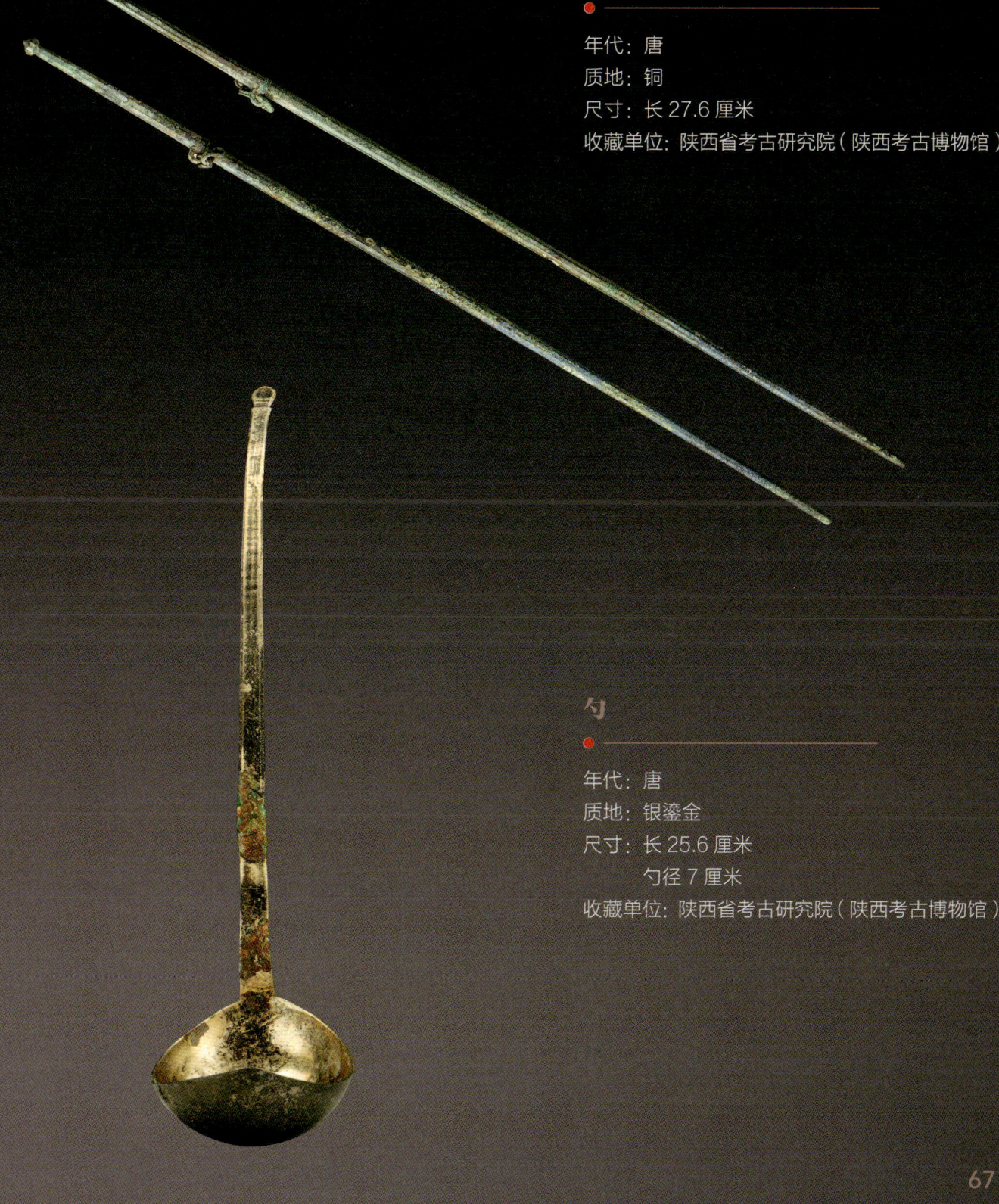

火箸

年代：唐
质地：铜
尺寸：长 27.6 厘米
收藏单位：陕西省考古研究院（陕西考古博物馆）

勺

年代：唐
质地：银鎏金
尺寸：长 25.6 厘米
　　　勺径 7 厘米
收藏单位：陕西省考古研究院（陕西考古博物馆）

各式点心（四件）

年代：唐
质地：小麦
尺寸：（从左至右）
　　　长 9.9 厘米，宽 4.5 厘米，厚 1.2 厘米
　　　长 2.5 厘米，宽 2.5 厘米，厚 1.2 厘米
　　　长 5.5 厘米，直径 2 厘米
　　　长 4.5 厘米，宽 2.5 厘米，厚 2 厘米
收藏单位：新疆维吾尔自治区博物馆

褐釉模印飞鸟纹花口盘

年代：唐
质地：瓷
尺寸：高 4.6 厘米
　　　口长 16.3 厘米
　　　口宽 13.5 厘米
收藏单位：湖南博物院

中国·唐——一个多元开放的朝代
（7至10世纪）

白釉带盖罐

年代：唐
质地：瓷
尺寸：通高 15.9 厘米
　　　腹径 11 厘米
　　　口径 8 厘米
　　　底径 9 厘米
收藏单位：西安博物院

云想衣裳花想容，春风拂槛露华浓。
——李白《清平调·其一》

三 女性时尚

墓葬中出土的文物，展现了唐代女性服饰的丰富面貌。墓葬中壁画、陶俑的女性形象，一般上着"衫"，外穿短袖外套或披肩，腋下系着百褶长裙。唐朝初期，女性以腰肢纤细为美。后来审美标准发生变化，以珠圆玉润为美，崇尚充满生命力的健康美。

唐代妇女的妆容和发型高度规范化且丰富多彩，使用的发型有140多种，最流行将头发束起高髻，再点缀上华丽的头饰，头部妆造宛如一件精巧的艺术品。

唐代社会风气开放，女性享有更多自由，从她们的衣着打扮中可见一斑。她们可着男装，有时还着中亚风格的服饰，即长袍加长裤和靴子，参加狩猎和马球等户外活动。

花鸟仕女图壁画位于韦浩墓后室南壁西侧。侍女头梳螺髻，身穿黄窄袖衫，肩披绿巾。双目凝视着前方盛开的鲜花，上方有金丝雀在展翅飞翔。呈现出一幅极佳的鸟语花香赏春图。

花鸟仕女图壁画（残）

年代：唐
质地：泥灰
尺寸：长91厘米
　　　宽62厘米
收藏单位：陕西省考古研究院（陕西考古博物馆）

第三单元　乐居长安

中国·唐——一个多元开放的朝代（7至10世纪）

黄釉彩绘戴帷帽骑马女俑

年代：唐
质地：陶
尺寸：高 30.5 厘米
　　　长 24 厘米
　　　宽 8.5 厘米
收藏单位：洛阳博物馆

第三单元　乐居长安

高髻仕女俑（三件）

年代：唐
质地：陶
尺寸：高 23 厘米
收藏单位：西安博物院

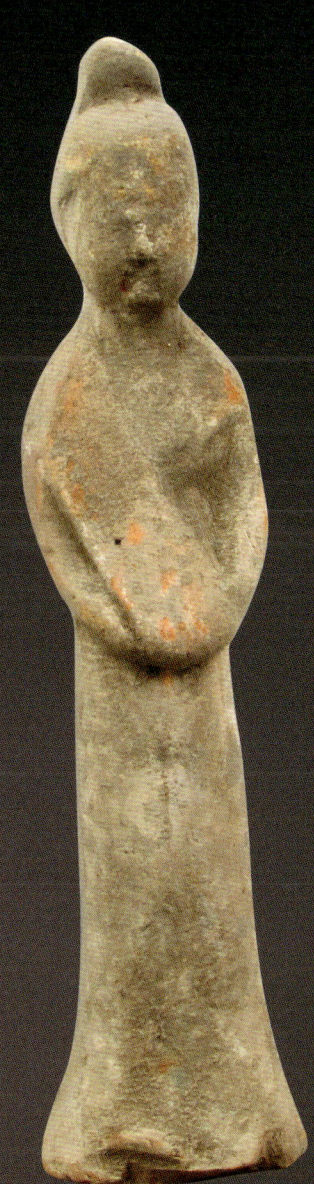

中国·唐——一个多元开放的朝代
(7至10世纪)

三彩单刀髻女俑

年代：唐
质地：陶
尺寸：高39厘米
　　　长10厘米
　　　宽9厘米
收藏单位：洛阳博物馆

三彩伶俑

年代：唐
质地：陶
尺寸：高 36 厘米
收藏单位：洛阳博物馆

中国·**唐**——一个多元开放的朝代
（7至10世纪）

彩绘陶女立俑

年代：唐
质地：陶
尺寸：高40厘米
收藏单位：陕西历史博物馆

彩绘侍女俑

年代：唐
质地：陶
尺寸：高 52 厘米
　　　宽 22 厘米
收藏单位：西安博物院

彩绘女俑

年代：唐
质地：陶
尺寸：高 75 厘米
收藏单位：陕西省考古研究院（陕西考古博物馆）

中国·唐——一个多元开放的朝代
（7至10世纪）

彩绘陶女立俑

年代：唐
质地：陶
尺寸：高40厘米
收藏单位：陕西历史博物馆

彩绘侍女俑

年代：唐
质地：陶
尺寸：高51厘米
　　　宽20厘米
收藏单位：西安博物院

第三单元　乐居长安

彩绘陶男装女立俑

年代：唐
质地：陶
尺寸：高 52 厘米
收藏单位：陕西历史博物馆

中国·唐——一个多元开放的朝代
（7至10世纪）

石榴花结纹簪

- 年代：唐
- 质地：银鎏金
- 尺寸：长 28.1 厘米
- 收藏单位：陕西省考古研究院（陕西考古博物馆）

鸿雁卷草纹簪

- 年代：唐
- 质地：银鎏金
- 尺寸：长 28.8 厘米
- 收藏单位：陕西省考古研究院（陕西考古博物馆）

第三单元　乐居长安

金栉为头饰，用薄金片镂空錾刻而成。马蹄形，下部呈梳齿状。栉面上部满饰花纹，中心主纹以卷云式蔓草作地，上饰两对称的奏乐飞天。飞天下方饰一朵如意云纹。周边饰多重纹带，分别为单相莲瓣纹带、双线夹莲珠纹带、镂空鱼鳞纹带、镂空缠枝梅花间蝴蝶纹带等。

栉

年代：唐
质地：金
尺寸：长 12.5 厘米
　　　宽 14.5 厘米
　　　厚 0.04 厘米
收藏单位：扬州博物馆

中国·唐——一个多元开放的朝代
（7至10世纪）

耳环

年代：唐
质地：金、宝石
尺寸：通高 8.2 厘米
　　　球径 1.6 厘米
收藏单位：扬州博物馆

耳环由挂环、镂空金球和坠饰三部分组成。上部挂环断面呈圆形，环中横饰金丝簧，环下穿两颗珍珠对称而置；中部的镂空金球用花丝和单丝编成七瓣宝装莲瓣式花纹，上下半球花纹对置。球顶焊空心小圆柱和横环，上部挂环穿横环相连。金球腰部焊对称相间的嵌宝孔和小金圈各6个，部分嵌宝孔内还保留红宝石和琉璃珠等；下部有7根相同的坠饰，6根系在金球腰部的小金圈上，1根挂在金球下端中心的金圈上。每根坠饰的上段均做成弹簧状，中段穿一花丝金圈、珍珠和琉璃珠，其下坠一红宝石。耳环制作精细，装饰华丽，是唐代金首饰中的珍品。

水晶项链

年代：唐
质地：水晶、金、宝石等
尺寸：通长 70 厘米
收藏单位：偃师博物馆

　　水晶项链共有 107 颗水晶珠、11 颗蓝色料珠、6 枚金花蒂、4 颗玛瑙珠、3 颗紫水晶、2 颗绿松石吊坠和 1 颗白玉珠。水晶珠大小不一，均呈扁球形，由两端向中间对钻成孔。吊坠一端大一端小，其中小端嵌入金扣之中，形成坠饰。

　　虽然水晶曾出土过不少，但像这样完整的水晶项链，之前出土并不多。而水晶项链修复后，雍容华贵的程度令人惊叹。

橙色印花小绢裙

年代：唐
质地：丝
尺寸：裙长 21.5 厘米
　　　腰 11.5 厘米
　　　下摆 29 厘米
收藏单位：新疆维吾尔自治区博物馆

红地联珠团窠对鸟纹织锦袜

年代：唐
质地：丝
尺寸：长 46 厘米
　　　宽 17 厘米
收藏单位：甘肃省博物馆

麻鞋

年代：唐
质地：麻
尺寸：长 24 厘米
　　　底宽 7.5 厘米
收藏单位：吐鲁番博物馆

棉布袋

年代：唐
质地：棉
尺寸：长 8 厘米
　　　宽 6.5 厘米
　　　绳长 11 厘米
收藏单位：吐鲁番博物馆

蓝地贴锦连珠菩提纹方枕

年代：唐
质地：绢
尺寸：高 5 厘米
　　　长 22 厘米
　　　宽 7.4 厘米
收藏单位：吐鲁番博物馆

梳妆手工

爱美的唐代女性在选择梳妆用品时也极具巧思。精致的镜子、珠宝盒、膏盒和化妆盒,以及用于日常生活的剪刀和尺子,这些精致奇巧的物品,也反映出唐朝物质文化的发达。

螺钿花鸟纹盒

年代:唐西州时期(640-791年)
质地:木
尺寸:通高 10.2 厘米
　　　顶边长 6.6 厘米
　　　底边长 10.4 厘米
收藏单位:新疆维吾尔自治区文物考古研究所

螺钿是中国特有的传统艺术瑰宝。所谓螺钿,是指用螺壳与海贝磨制成人物、花鸟、几何图形或文字等薄片,根据画面需要而镶嵌在器物表面的装饰工艺的总称。该木盒整体由薄木片拼合而成,分上、下两部分。上部方形盒状,中空;下部形似方形基座,中空。器表由漆木片、漆木条作为装饰,漆木片上镶嵌由螺壳、贝壳等构成的飞鸟、花卉等图案。上部分四面各贴两片漆木片,每片镶嵌 2 个图案,顶部贴一片木片,其上中心镶嵌由四瓣花组成的花卉纹,四周镶嵌飞鸟、花卉纹,各 2 个;下部分每面贴两片木片,每片镶嵌 1 个图案,均为花卉纹,基座与上部连接处呈覆斗状,覆斗内侧每面各贴两片漆木片,其上镶嵌飞鸟、花卉等图案。木盒做工考究,保存较好,展现了当时精湛的工艺技术。

第三单元　乐居长安

黑漆奁

年代：唐
质地：木、漆、麻
尺寸：通高 6.2 厘米
　　　直径 21.7 厘米
收藏单位：新疆维吾尔自治区博物馆

中国漆器艺术源远流长，早在新石器时代就已产生漆器，春秋战国时期出现了漆奁。奁也称为妆奁，是古人盛放梳妆用品的器具。中国传统造物追求"器以载道"的意境，妆奁的发展代表了不同时代、不同阶层的审美情趣与价值取向，是中国传统文化的重要组成部分。而奁在新疆诸多墓葬均有出土，其质地及制作工艺也多样化，有皮质的，有藤条编织的及髹漆的。吐鲁番阿斯塔那墓出土的这件黑漆奁，光亮如新，盖以木与漆组合，盒以木与漆及麻组合而成，盖面呈圆鼓状，通体髹黑漆且漆色光彩鲜亮，保存完好。

妆奁作为中国古代女子的日常生活用具，走过了数千年漫长的历史进程。更多的时候，妆奁用于盛放脂粉、铜镜、梳篦等一些梳妆用品，散发出浓郁的生活气息，反映了古代女性的审美情趣。

鸟兽纹镜

年代：唐
质地：铜鎏金
尺寸：直径 5.7 厘米
　　　厚 0.5 厘米
收藏单位：洛阳博物馆

海兽葡萄纹镜

年代：唐
质地：铜
尺寸：直径 14.9 厘米
收藏单位：西安博物院

年代：唐
质地：铜鎏金
尺寸：长 20.7 厘米
　　　宽 2 厘米
收藏单位：陕西省考古研究院（陕西考古博物馆）

剪刀

年代：唐
质地：银、铜
尺寸：长 12 厘米
　　　宽 1.8 厘米
收藏单位：陕西省考古研究院（陕西考古博物馆）

四
乐舞百戏

长安城有丰富的休闲活动，尤以音乐、舞蹈和杂技最盛。长袖舞在这一时期达到了顶峰，乐师们合奏笛、笙、箫、筝等传统乐器和外来的琵琶、箜篌、排箫、筚篥、鼗鼓等，展现了胡声汉乐的融合风采。

唐代是一个开放的时代，不同的文化习俗在社会生活中相互融合。随着与西域的交流加深，域外表演者相继到来，他们弹奏琵琶箜篌、跳着胡旋舞，在交汇融合中为唐代文化艺术增加了奔放张扬的异域风情。

- 图中部绘一男伶，头戴黑幞头，颦眉低眼，鼻稍高，嘴较小，面庞较大，身穿圆领长袖袍衫，袍上可见残存的淡黄痕迹，腰束黑带，脚蹬黑长靴，上身侧向北略后仰，双手隐于长袖中，耸肩张臂，扭腰踮足作舞蹈状，高0.82米。其南侧绘三男子一童子，二坐二立。男子皆戴黑幞头。童子头梳双垂髻，四人皆穿圆领宽袖长袍，立者可见腰束带。前面一乐人为蹲坐状，唇上蓄须髯，袍及裤下露出黑靴，怀抱四弦琵琶，左手按弦，右手作弹拨状，高约0.6米。其右侧一乐人盘腿而坐，络腮胡须，双手捧单案于嘴前作吹奏状，高约0.51米。后面二人皆站立，北侧一年轻人手置胸前，持何物不明，似为伴唱，高出前面乐人约0.22米。南侧童子面庞较丰满，眉清目秀，双手举起，于头左侧持铙钱，左上右下作敲击状，高出前面乐人约0.3米。四人皆面向舞者。北侧绘三人，两坐一立，前面一坐者为男乐人，头戴黑幞头，上身似内穿圆领襜衫，外套交领宽袖长袍，脚蹬黑靴，面向舞者而坐，双足交叉伸向前方，两腿间置一十弦茎模，双手似戴指套作弹拨状，坐高约0.5米。其北侧一人上身残缺，身似着袍，腰束黑带，盘腿而坐。其后立一童子，头梳双垂髻，身似有圆领袍或衫，胸以下残缺，双手隐袖中于胸前交拱，面向舞者，亦似作伴唱状。整个画面所用色彩较单调但布局合理，前后左右错落有致，人物的神情各异，姿态生动，较形象地表现出唐代贵族的私家乐舞场面，也是该墓壁画中最精彩、最重要，又富于时代特征的一个画面。

私家乐舞图壁画

年代：唐
质地：泥灰
尺寸：长 174 厘米
　　　宽 120 厘米
收藏单位：陕西省考古研究院（陕西考古博物馆）

中国·唐——一个多元开放的朝代
（7至10世纪）

胡人奏乐俑（四件）

年代：唐
质地：陶
尺寸：高 15.7 厘米
收藏单位：陕西省考古研究院（陕西考古博物馆）

中国·唐——一个多元开放的朝代
（7至10世纪）

彩绘女乐舞俑（七件）

年代：唐
质地：陶
尺寸：最高 15 厘米
　　　最低 13 厘米
收藏单位：河南省文物考古研究院

101

中国·唐 ——一个多元开放的朝代（7至10世纪）

歌唱奏乐俑（两件）

年代：唐
质地：陶
尺寸：高 16.5 厘米
　　　高 18 厘米
收藏单位：陕西省考古研究院（陕西考古博物馆）

彩绘女乐舞俑

第三单元　乐居长安

彩绘滑稽戏俑

年代：唐开元十八年（730年）
质地：陶
尺寸：高48厘米
收藏单位：庆城县博物馆

杂技人物图铲形饰件

年代：唐
质地：银鎏金
尺寸：长 5.4 厘米
收藏单位：陕西省考古研究院（陕西考古博物馆）

褐釉鸟形埙

年代：唐
质地：瓷
尺寸：高 4.1 厘米
收藏单位：湖南博物院

五
竞技之美

在唐代，集尚武和娱乐于一体的狩猎之风盛行，马球运动风靡全国，通过壁画与陶俑留下永恒的形象，充分表现了竞技艺术的力量与美感、速度与激情。

狩猎图壁画（残）

年代：唐
质地：泥灰
尺寸：长 190 厘米
　　　宽 128 厘米
收藏单位：陕西省考古研究院（陕西考古博物馆）

一乘人马自北向南沿青绿色山坡疾驰而来，黄衣骑手胯下红桑白马作曲颈、立耳、奔跑状，头及四肢残缺，背上白鞍黑鞯。骑手身体前倾跨立马上，头裹黑色软脚幞头，幞头内衬巾子，顶部圆球向前倾斜，双角被风吹动飘扬于脑后，人物面容白净丰满，剑眉倒立，虎目圆睁注视前方，双唇紧抿。身着黄色团领袍服，腰束黑带。双足撑于镫上（现腿部画面缺失），左臂前伸，右臂屈抬，双手张弓拉弦，狼牙利箭瞄向前下方一受伤滴血动物，因淤土遮掩，动物形体不明。马前一尊嶙峋山石、一株枝丫横生矮树勾画出山坡、怪石、灌木丛生的狩猎场景。正式清理时，因东壁遭受水泡较西壁更为严重，狩猎图已所剩不多，马与野兽不复存在，骑手残高 0.31 米，弓弦长 0.54 米，箭长 0.39 米。

第三单元　乐居长安

中国·唐——一个多元开放的朝代（7至10世纪）

彩绘骑马狩猎俑

年代：唐
质地：红陶
尺寸：高 34 厘米
　　　长 29 厘米
收藏单位：陕西省考古研究院
　　　　（陕西考古博物馆）

三彩釉陶骑马狩猎俑

年代：唐
质地：陶
尺寸：高 23 厘米
　　　长 29 厘米
收藏单位：陕西历史博物馆

中国·唐——一个多元开放的朝代
（7至10世纪）

三彩打马球俑（四件）

年代：唐
质地：陶
尺寸：高 32-36 厘米
　　　长 33 厘米
收藏单位：洛阳市考古研究院

三彩打马球俑，2012 年于洛阳华山北路国花宝居出土，一组 4 件，高 32-36 厘米。马球，又称波罗球，起源于波斯，唐初时由吐蕃传入长安，盛行于唐代宫廷、军中以及民间，是骑在马背上用长柄球槌拍击木球的运动。从这组陶俑我们可以看到唐代马球手的瞬间动态。此套三彩打马球俑，均为女性，低首、束髻，面部圆润，颈部以上无釉；着圆领长襦，翻领、窄袖，每个陶俑的长襦部位都颜色不同，各施红黄绿釉，色彩明艳；女俑均坐于马鞍上，躬身向左，双手做驭马、握鞠杖状，策马打球的姿态栩栩如生，却又各不相同。马形体高大，马首左勾，鬃毛浓厚，四肢强壮，臀圆尾翘；马面马蹄釉色呈乳白，马身黄釉、酱釉交错，马鞍多施绿釉。整体釉色五彩斑斓，流光溢彩。

中国·唐——一个多元开放的朝代
（7至10世纪）

彩绘骑马女俑（两件）

年代：唐
质地：陶
尺寸：高 45.6 厘米
　　　长 37.5 厘米
　　　高 36 厘米
收藏单位：陕西省考古研究院（陕西考古博物馆）

第三单元　乐居长安

仇英（传）摹周昉真妃上马图卷

- 年代：明
- 质地：绢
- 尺寸：画心纵 28.1 厘米
  　　　横 241.4 厘米
- 收藏单位：辽宁省博物馆

中国·唐——一个多元开放的朝代
（7至10世纪）

第四单元　海纳百川

唐朝奉行儒释道并行政策，儒家思想是"德政"的基石，道家思想得到皇室的支持，佛教在这一时期成为较为普遍的宗教信仰。

长安有大约130处宗教机构，主要是佛教寺庙和道观，但也有本土信众较少的外来宗教（祆教、摩尼教、景教）的礼拜场所，这些外来宗教自4世纪起从中亚传播而来，主要集中在城内外移民聚集区域，如西市附近。

各个宗教教义虽不相同，但都反映了人们对世界的认识，在当时兼容并蓄的社会中相互影响、和谐共存，成为唐朝人精神家园的组成部分。也正是由于这一时期各文明（国）僧侣之间的密切交流和佛经翻译活动，佛教经由唐朝继续向东传播，成为新罗、日本等的主流宗教。

一

儒家思想

唐代是中国儒学发展的重要时期，在继承先秦儒学的基础上，通过对佛道思想的吸收融合，以及对儒家经典的重新注释，实现了儒学的复兴和发展，并对后世尤其是宋代儒学的发展产生了深远的影响。

唐太宗大力推崇儒学，将其作为官方学说。为维护儒学正统地位和统一经学分歧，唐太宗召集儒士撰修《五经正义》。自唐至宋，科举取士、儒经义理皆据此书。科举制度也为形成儒学恢复正统地位而又与佛道鼎足而立的隋唐文化格局奠定了重要的基础。

从唐德宗贞元年间（785-805年）开始，古文运动成为文坛的主要风尚。韩愈创立道统学说，不仅在文学上推动了古文的发展，而且在思想上促进了儒学的复兴。

唐末五代十国时期出现新旧儒学范式的更替，对宋代儒学范式的形成产生了深刻影响。宋代儒者接续唐代儒者的理想，继续开展儒学复兴运动，促成理学的兴起，即儒学的复兴。

子曰：士父母謔諫，父母在，不遠遊，子曰：父母之年，不可不知也。子曰：父母在不遠遊，遊必有方。子曰：三年無改於父之道，可謂孝矣。子曰：父母之年，不可不知也，一則以喜，一則以懼。子曰：古者言之不出，恥躬之不逮也。子曰：君子欲訥於言而敏於行。子曰：德不孤，必有鄰。子游曰：事君數，斯辱矣；朋友數，斯疏矣。

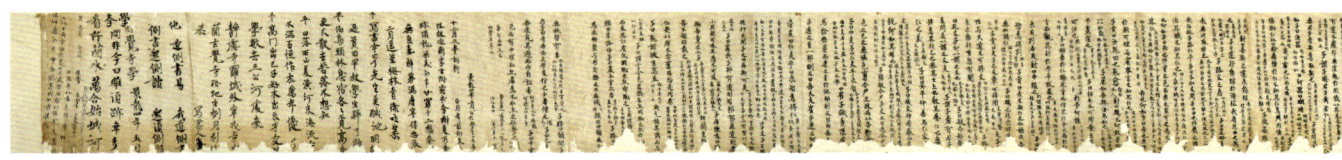

• 1967年新疆吐鲁番阿斯塔那第363号墓出土了唐景龙四年（710年）一名年仅12岁的小学生卜天寿抄写的《论语》，郑注论语是唐以后就失传的一部书。该写本长538厘米，宽27厘米，内容为东汉经学大师郑玄所注《论语》其中《八佾》《里仁》《公冶长》三篇和《为政》的一部分，这几篇都是过去未曾发现或未曾完整发现过的。因此，该文书的出土在文献学上有重要的价值。它的发现为古代民间文学、书法艺术以及训诂研究提供了很好的资料，是一件难得的文物珍品，被录入了第一批国家珍贵古籍名录。

这件文书为"唐景龙四年西州高昌县宁昌乡厚风里义"年仅12岁的学生卜天寿书写，在做完作业后，他还写下了两首充满童趣的绝句，诗云："他道侧书易，我道侧书难。侧书还侧读，还须侧眼看"，"写书今日了，先生莫咸池（嫌迟）。明朝是贾（假）日，早放学生归。"生动刻画出了顽童心理，这些随手写下的文字使得这个卷子不再是冰冷的古籍，而充满着人类心灵今古相接的鲜活气息。

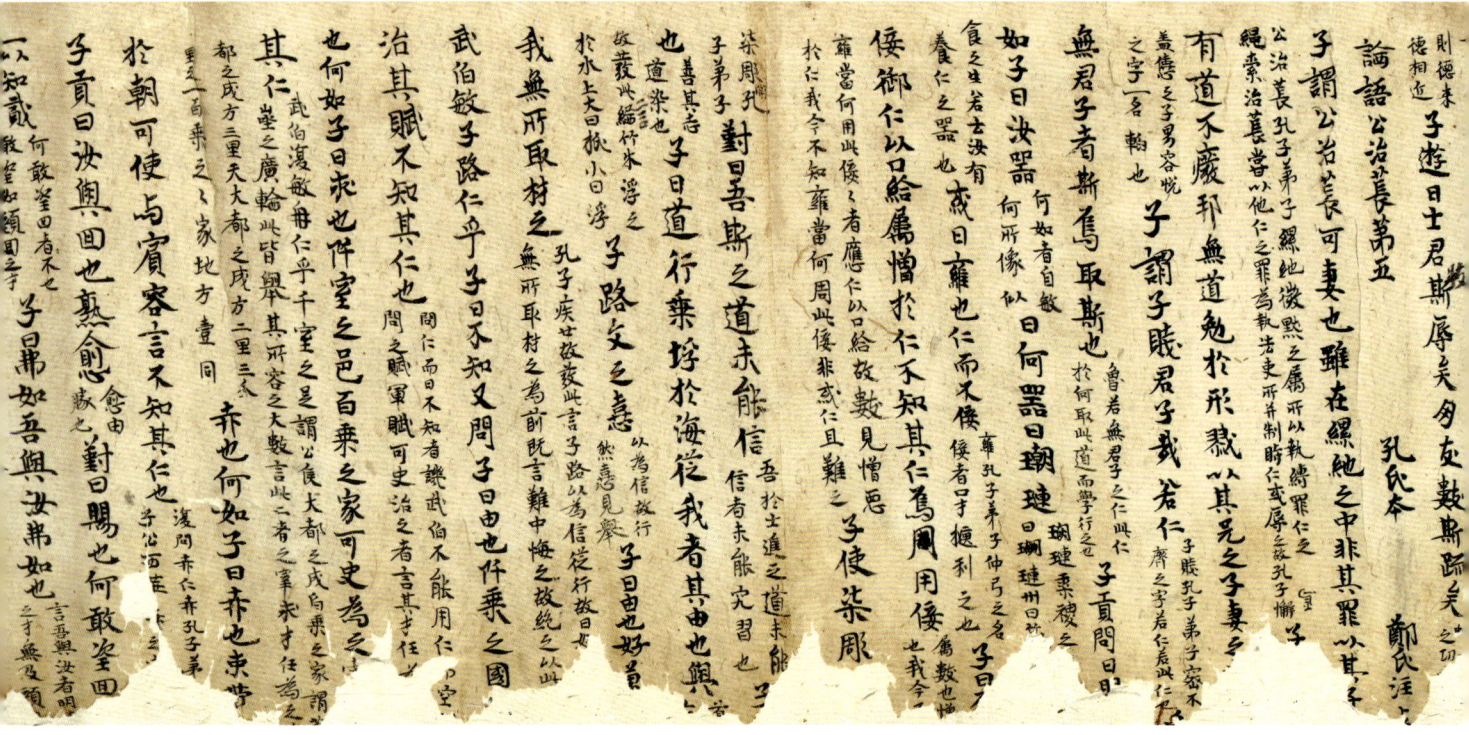

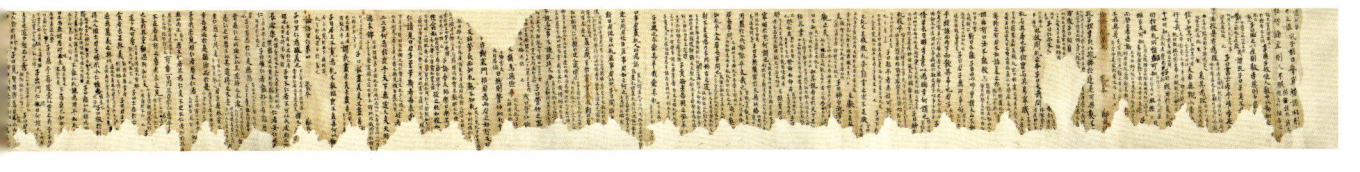

卜天寿抄《论语郑玄注》

年代：唐景龙四年（710年）
质地：纸
尺寸：长538厘米，宽27厘米
收藏单位：吐鲁番博物馆

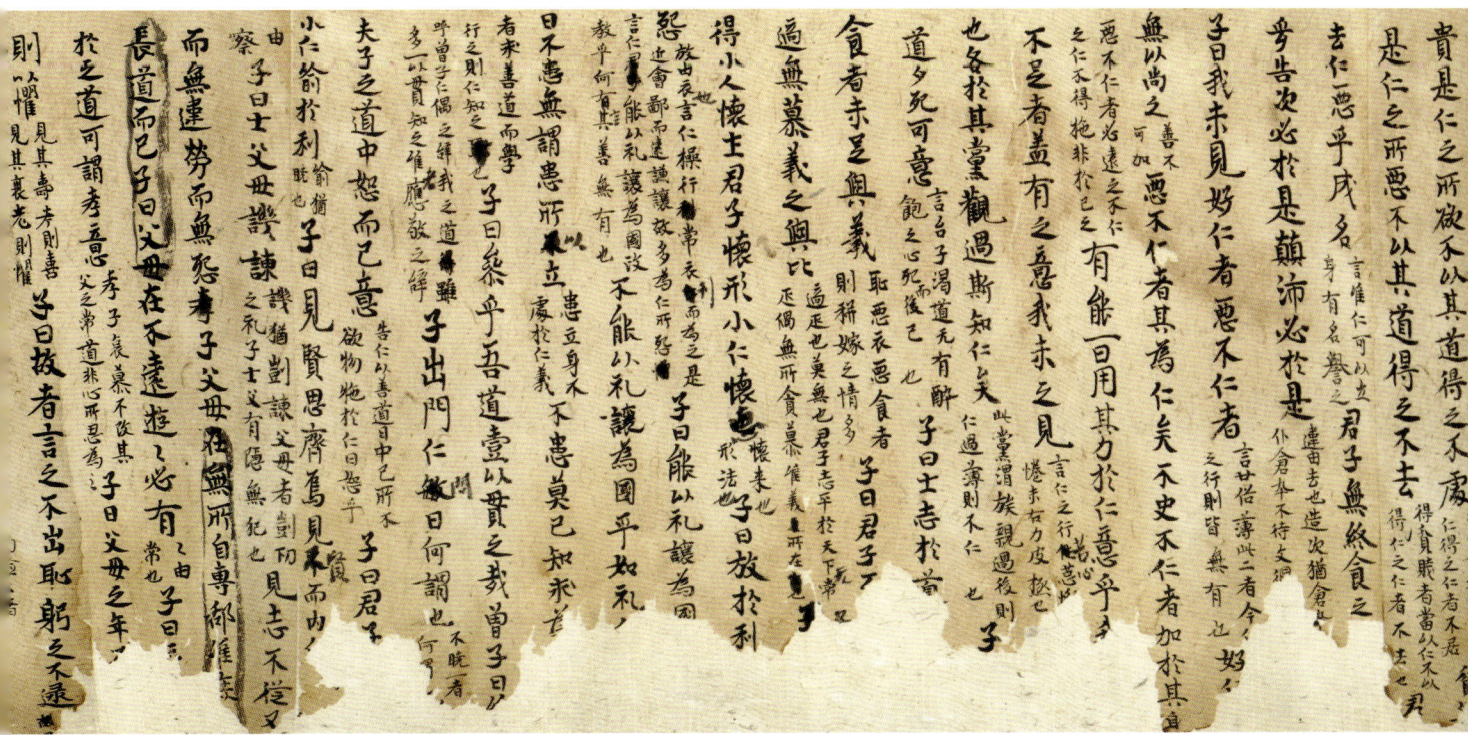

组佩(七件)

年代:唐
质地:玉
尺寸:(从上至下)
　　长 8.9 厘米
　　长 9 厘米
　　长 6 厘米
　　长 6.9 厘米
　　长 5.3 厘米
　　长 4.4 厘米
　　长 1.4 厘米
收藏单位:陕西省考古研究院(陕西考古博物馆)

第四单元 海纳百川

中国·唐——一个多元开放的朝代（7至10世纪）

二
佛教

佛教源于天竺（今印度），公元纪元前后传入中国并逐渐盛行，长安城内有众多佛教寺院，佛教在中国吸收儒学、道教的思想，逐渐本土化。作为主流统治思想的儒学，也开始吸收佛教和道教的精神，有了新的发展。高僧玄奘（约602-664年）从天竺取经归来后，主持翻译了74部佛经，为中国佛教的发展作出重大贡献。由玄奘口述、辩机编撰的《大唐西域记》是研究中外交流史的珍贵文献。

第四单元　海纳百川

佛坐像

年代：唐
质地：石
尺寸：高 101 厘米
　　　宽 56 厘米
　　　厚 56 厘米
收藏单位：龙门石窟研究院

1958 年龙门西山公路建设过程中发现了龙门唐代奉先寺遗址，石佛坐像即为此寺院遗址清理出土。该寺院遗址现存面积 2 万余平方米，残存大殿基址、夯土塔基、塔院夯土围墙、僧房基址、砖铺地面、河卵石散水等，出土石刻造像、瓷器和建筑构件等文物较多，具极大的研究价值。

佛坐像高肉髻，遍饰小螺发，容仪具足，面相姝广，宽眉，细眼微睁下视，眼尾略向上挑，鼻部略残，双唇紧抿，唇瓣丰满，双耳齐平，颈部有横向三道节纹。身披宽松大衣，胸前露出内衣领口和系带，线条清晰流畅。右手向上掌心向前，五指全部缺失，左手掌心向下，五指伸开轻抚于左膝上。衣裾包裹双腿，结跏趺坐于圆形复瓣仰覆莲束腰台座上。

125

五重舍利函

年代：唐
质地：玻璃、金、银、铜、石
尺寸：石函：高 42.5 厘米，长 50.5 厘米，宽 49.5 厘米
　　　铜匣：高 12.3 厘米，长 12.3 厘米，宽 12.3 厘米
　　　银椁：高 9.3 厘米，长 10.7 厘米，宽 8.4 厘米
　　　金棺：高 6 厘米，长 7.5 厘米，宽 5.4 厘米
　　　舍利瓶：口径 0.5 厘米，腹径 2.1 厘米
收藏单位：甘肃省博物馆

第四单元　海纳百川

　　此套舍利容器由石函、铜匣、银椁、金棺和玻璃舍利瓶层层套置而成。最外层为石函，往里依次为铜匣、银椁、金棺，最里层为盛装舍利的玻璃瓶。石函由灰色大理石制作，盝顶，顶上正中方格内隶书阴刻："大周泾川大云寺舍利之函总一十四粒"。器盖侧面及立面錾刻忍冬纹一周，器身四壁阴刻"泾川大云寺舍利石函铭并序言"。内正中留一空格，用于放置铜匣。铜匣形同石函，中空，通体鎏金，通体錾刻忍冬纹，盖顶正中为银质莲座，上立一宝珠形宝顶，银质合页及银扣，上带一鎏金铜锁并钥匙，方底座。银椁长方形棺式，覆瓦形盖，两侧分饰两环，底座上起一圈低矮栏杆，通体錾刻忍冬纹。金棺通体贴花瓣状金饰，其上镶嵌绿松石、珍珠作为装饰，熠熠生辉。金棺内放置直细颈、鼓腹的白色半透明玻璃舍利瓶。

　　舍利棺是唐代用于瘗（yì）埋佛骨舍利的容器。这套舍利容器精巧华丽，光彩夺目，反映了盛唐时期金银细工的高超技艺，是唐代佛教文化史的重要实物见证。此外，石函上錾刻的文字记录了建寺造塔瘗埋舍利的始末和相关职官、僧众姓名，是探究这一特殊历史事件及当时泾州在军政设置部署方面的重要文字资料。

看经寺浮雕罗汉像

年代：唐
质地：石
尺寸：高 85 厘米
　　　宽 56 厘米
　　　厚 7 厘米
收藏单位：龙门石窟研究院

该造像原为龙门石窟东山唐代看经寺南壁西起第一身罗汉——佛弟子迦叶像，曾于 1936—1940 年间被盗，2001 年由加拿大国家美术馆无偿送还中国，是龙门石窟通过国际合作渠道回归的第一件流散珍贵文物。

该罗汉像为高浮雕，现仅存腰部以上部分。迦叶像头部向右微侧，额头布满皱纹，眉头微蹙，双目深邃，鼻梁高挺，颧骨突出，两颊凹陷，颈下皮肤松弛。身披宽大的袈裟，衣纹简练明晰。右手握莲梗，左手托住莲梗底部，莲梗上端是一朵盛开的莲花。此像雕刻精细传神，成功塑造了一个形容苍老的苦行僧形象。

黑釉钵

年代：唐
质地：陶
尺寸：高 11 厘米
　　　口径 22.3 厘米
收藏单位：洛阳博物馆

白釉净瓶

年代:唐
质地:瓷
尺寸:高 25 厘米
　　　口径 0.6 厘米
　　　底径 2.3 厘米
收藏单位:洛阳博物馆

兽面衔环五足熏炉

- 年代：唐
- 质地：铜
- 尺寸：直径 13.9 厘米
- 收藏单位：天津博物馆

妙法蓮華經卷第四

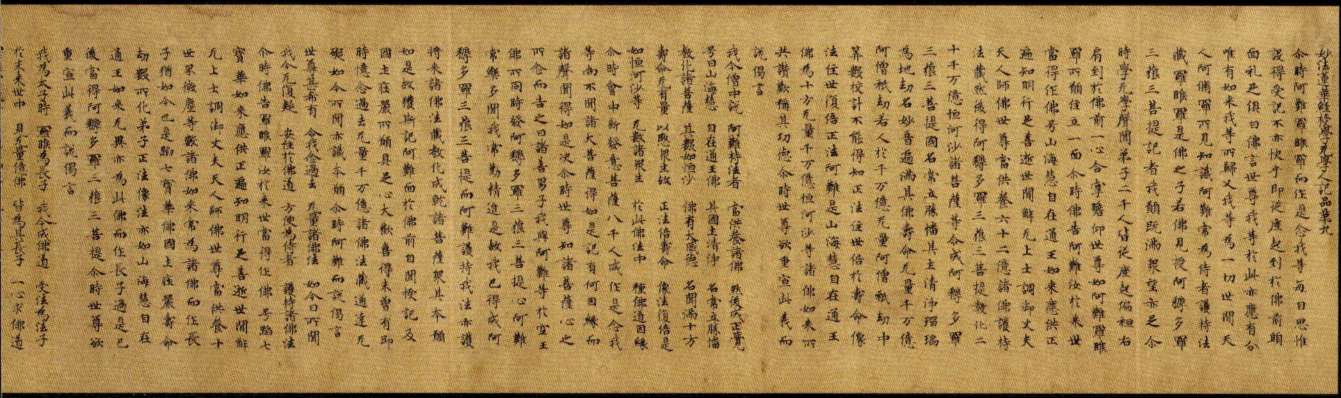

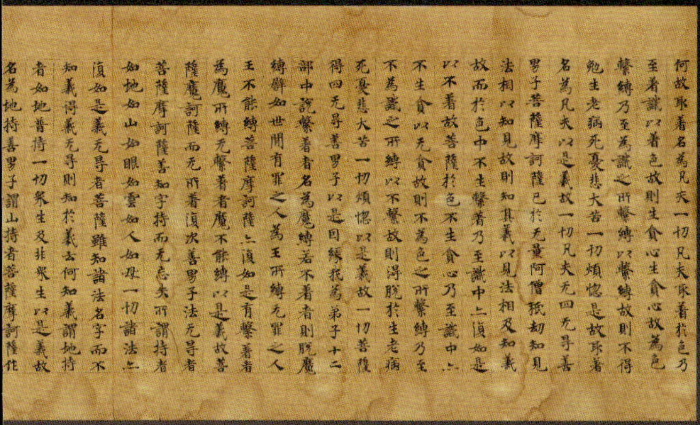

《妙法莲华经卷第四》

年代：唐
质地：纸
尺寸：纵26厘米
　　　横614厘米
收藏单位：天津博物馆

中国·唐——一个多元开放的朝代（7至10世纪）

缬染经袱

年代：唐
质地：丝
尺寸：长 46.5 厘米
　　　宽 29 厘米
收藏单位：甘肃省博物馆

经袱以麻布为背衬，表面敷有夹缬染印连续菱形四出绿叶簇黄花纹绢，菱块白底，四叶染绿，花朵金黄，菱块外为绛色，四色分明。其功能是用来包裹经卷，故名经袱。

隋唐时期有多种缬染印花方法，夹缬乃其一种，即用雕有对称镂空花纹的夹版夹压防染的一种印花染色工艺。这件缬染经袱材料属套版多色，历经千年仍色泽明丽，是唐代印染工艺中的佳作，对研究唐代缬染工艺具有重要参考作用。

第四单元 海纳百川

发愿文幡

年代：唐开元十三年（725年）
质地：绢
尺寸：高 160.5 厘米
　　　宽 15 厘米
收藏单位：敦煌研究院

　　幡是佛教供养品，主要与药师信仰有关，重视幡供养和灯供养。幡首为双层红色绢，顶缀蓝色绢带环结。幡身7段，由黄、红色绢相间联接而成。各段相接处，内撑以裹着丝绵的芨芨草棍，两侧缀以短带。幡尾为本色绢，质细而薄。幡身第一段有墨书发愿文6行38字，从书法、错别字看，此康姓女供养人或为康国人。康姓女信徒因眼疾而发愿造幡，并表示等眼疾治愈后，再造幡供养。可见幡是佛教信仰的重要物品。对于研究莫高窟营建史、民族文化、佛教信仰、古代纺织技术等都有重要价值。

开元十三年七月十四日康优婆姨造播（幡）一口为己身患眼若得损日还造播（幡）一口保（报）佛慈恩故告。

中国·**唐**——一个多元开放的朝代
（7至10世纪）

毗沙门天像上部壁画（残）

年代：唐
质地：泥灰
尺寸：通高 70 厘米
　　　通宽 54.5 厘米
　　　厚 3.5 厘米
收藏单位：和田地区博物馆

这块毗沙门天像上部壁画出土于策勒县达玛沟托普鲁克墩 1 号佛寺遗址，与该佛寺入口处壁面上仅保存腰部以下的一尊武士像可以拼合成较为完整的图像。该画面中人物为男性，面部为四分之三侧面，眉目细长，唇上有蝌蚪胡，头戴冠，冠正中饰一鸟，周围有连珠纹装饰，左手执一细长的兵器杆部，兵器上端残损。下身着宽松的白色长裤，裤脚塞于黑色长靴之内，其身后有一头鹿的侧影，向右凝望。毗沙门天是佛教的护法神之一，是梵文 Vaisaravana 的音译，意译为多闻天。毗沙门天像最早出现于犍陀罗地区的佛教艺术中，随着佛教东传和丝绸之路文化交流，盛行于丝绸之路南道于阗地区。从于阗建国传说可以看出，于阗国尊崇毗沙门天为护国神。当毗沙门天从于阗传入敦煌和中原地区后，也成为中原地区民众崇拜的对象之一。

中国·**唐**——一个多元开放的朝代
（7至10世纪）

佛面部壁画（残）

年代：唐
质地：泥灰
尺寸：通长 35 厘米
　　　通宽 23.5 厘米
　　　厚 3.5 厘米
收藏单位：和田地区博物馆

花纲人物壁画（残）

年代：唐
质地：泥灰
尺寸：通高 71 厘米
　　　通宽 50 厘米
　　　厚 2.5 厘米
收藏单位：和田地区博物馆

中国·**唐**——一个多元开放的朝代
（7至10世纪）

140

第四单元 海纳百川

三彩天王俑

年代：唐
质地：陶
尺寸：高 158.2 厘米
　　　宽 60 厘米
　　　厚 41 厘米
收藏单位：甘肃省博物馆

中国·**唐**——一个多元开放的朝代
（7至10世纪）

142

三彩天王俑

- 年代：唐
- 质地：陶
- 尺寸：高 162.7 厘米
  宽 61.7 厘米
  厚 38 厘米
- 收藏单位：甘肃省博物馆

中国·唐——一个多元开放的朝代
（7至10世纪）

● ──────
　　通体间施黄、绿、白三色釉。人面，瞋目张口，浓眉阔鼻，络腮胡须，头顶有火焰状角，额上又生一螺旋状尖角，两耳如荷叶形平张开来。挺胸，胸侧有对称羽翼。前肢偶蹄直立，后腿蹲踞于高台座上。这件镇墓兽体形庞大，形象生动，充分显示了古代工匠们娴熟的技巧和丰富的艺术想象力。镇墓兽是中国古代墓葬中常见的随葬品，为虚构出的怪兽形象，目的是镇慑鬼怪，以佑护死者亡魂的安宁。它最早见于战国，流行于魏晋至隋唐，五代以后逐步消失。唐代的镇墓兽多成对出现，一为人面，一为兽面。

第四单元　海纳百川

三彩人面镇墓兽

年代：唐
质地：陶
尺寸：高 103 厘米
　　　宽 33 厘米
　　　厚 28 厘米
收藏单位：洛阳博物馆

彩绘贴塑塔式罐

年代：唐
质地：陶
尺寸：通高 98.5 厘米
　　　座高 13.5 厘米
　　　座底径 43 厘米
　　　座上径 27.5 厘米
　　　身通高 41.5 厘米
　　　罐高 33 厘米
　　　罐口径 9 厘米
　　　罐底径 16 厘米
　　　罐腹径 30.5 厘米
　　　盖高 18 厘米
收藏单位：陕西省考古研究院
　　　　　（陕西考古博物馆）

塔式罐由座、身、罐、盖四部分组成。座呈覆盆状，底周边略外卷。座身一周等分成 8 格，格内贴有模制的浮雕象首及怪兽，相间排列各占四格。座上为束腰形，外饰仰覆莲瓣，并贴饰三个浮雕象首。其上为罐。罐口微侈，束颈，鼓腹，平底。罐身上同样八等分，分布有象、怪兽浮雕头各四。罐上为塔式盖，盖顶为塔形钮。

第四单元　海纳百川

青花塔式罐

年代：唐
质地：陶
尺寸：通高 44.2 厘米
　　　罐高 23.7 厘米
　　　盖高 12.6 厘米
　　　腹径 19.5 厘米
　　　座高 12.5 厘米
收藏单位：郑州市文物考古研究院

青花塔式罐以氧化钴料为呈色剂，在高温下一次烧成的釉下彩青花瓷，在中国瓷器中独具一格。伊斯兰国家喜欢蓝色或黑色，蓝色象征着高尚、纯洁。所以，唐青花深受伊斯兰国家人民的青睐，在那里有着广阔的销售市场，需求量较大。同时，伊斯兰国家所产色调鲜亮的氧化钴，正是烧制唐青花极为重要的呈色原料，而且河南巩义黄冶窑场为了适应出口的需要，在唐青花制品的造型与装饰上采用了具有伊斯兰风格的造型与纹样。由此可知，在唐王朝实行的开放政策中，青花在中国与伊斯兰国家的交往中占有十分重要的地位。

中国·唐——一个多元开放的朝代
（7至10世纪）

十一面观音造像

年代：唐
质地：铜鎏金
尺寸：高 84.5 厘米
　　　长 32 厘米
　　　宽 28.5 厘米
收藏单位：天水市博物馆

造像下为七宝台，上为十一面观音立像。十一面观音头戴天冠、身披天衣，下身着裙，挂饰璎珞，腕带臂玔，身生六臂十一面。菩萨十一面分 4 层排列，六臂在身体两侧分 3 层排列，其中最上面两手向上托举似有持物；中间两手虚合掌，双拇指并竖，两食指弯曲如勾型，结秘密真性如意珠印；下面两臂下垂，拇指与中指相捻，结灭恶趣印。整件造像由青铜铸造，浑身鎏金，法相庄严，显得高贵典雅。其本为天水水月寺的传世品。水月寺为陇右名刹，据传创建于隋初，重建于唐会昌元年（841年），故址在今甘肃省天水市人民公园内。

第四单元　海纳百川

149

为祖先之一，并将道教推崇为国教。玄宗时期，这种支持达到了顶峰，他尊崇道教经典，广兴道观庙宇，并设立玄学博士，在科举考试中设立"道举"，促使讲道修道蔚然成风、推动道教理论迅速发展。

道教思想与实践的兴盛和发展对唐代社会的诸多方面，尤其是医药养生产生了重要影响，例如为中医发展作出巨大贡献、被称为"药王"的著名医学家、药物学家孙思邈便是唐代高道。

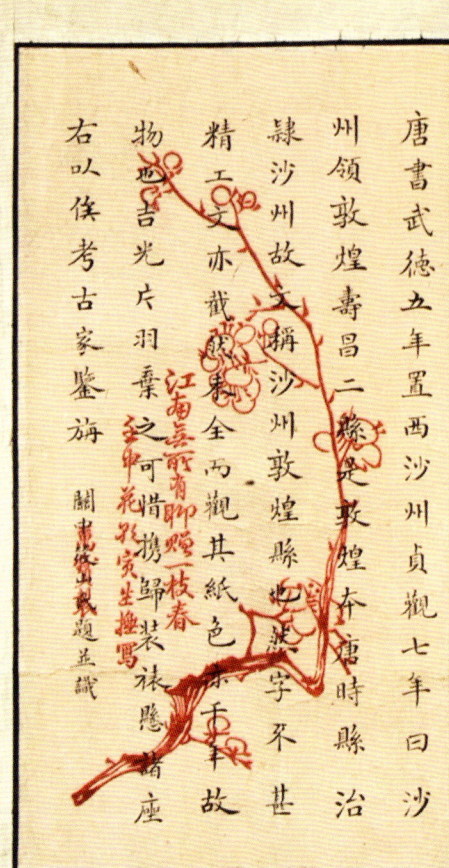

《十戒经》道士索澄空题记盟文

年代：唐
质地：纸
尺寸：长 22.4 厘米
　　　宽 14 厘米
收藏单位：甘肃省博物馆

大唐景龍三年歲次己酉正月己未朔四日壬戌沙州燉煌縣平康
鄉脩武里神泉觀道士清信弟子索澄空年廿一歲但為宍人無識既受
納有形形染六情六情一染動之弊惑於所見昧於所著世務因緣以次而發
招引罪垢歷世彌積輪迴於三界漂浪而忘返流轉於五道長淪而弗悟
伏聞天尊大聖演說十戒十四持身之品依法行者可以超昇三界位極
上清澄空雖愚昧願求奉受謹賫信如法謹詣
奉受十戒十四持身之
品脩行供養永為身寶僣盟負約長幽地獄不敢蒙原

中華民國三年四月蓂生十三葉距余宰
敦煌歷一百一十七甲子矣昨因公到敦
父老云城南卅里千佛洞前清光緒庚子
四月八日洞壁忽崩裂內藏古書數十種
佛經尤夥多漢晉唐宋名公書為法人伯
希和購取殆盡余無往觀之於故紙堆中
搜羅一二字跡似在晉唐間惜殘缺不全
遺憾何如內有唐景龍三年沙州敦煌縣
神泉觀道士索澄空賫三洞法師盟約一
紙考索氏在晉唐時為敦煌世族代出偉
人澄空豈其苗裔耶唯文稱沙州敦煌縣

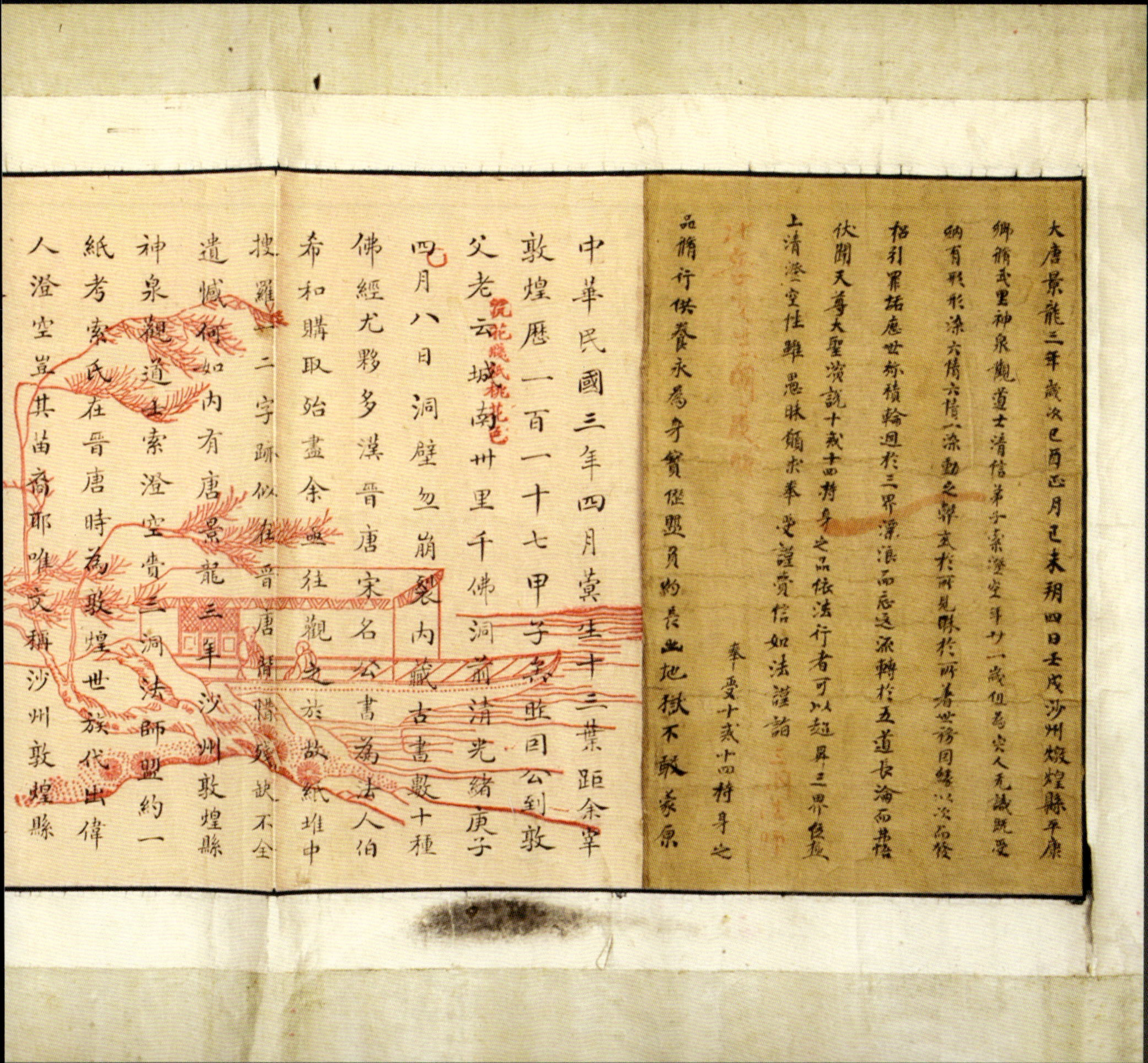

第四单元 海纳百川

伏羲女娲图

年代：唐
质地：麻布
尺寸：高 238 厘米
　　　上宽 109.3 厘米
　　　下宽 89.5 厘米
收藏单位：新疆维吾尔自治区博物馆

此画用三片原白色麻布缝合。彩绘伏羲女娲，二人上身相拥，下尾相交，左为伏羲，头戴幞头，穿紧袖内衣，外穿右衽宽袖黑色长袍，腰间束带，左手执矩尺，右手勾着女娲的脖颈。右为女娲，女娲束发高髻，穿紧袖衣和半背，下穿条纹裙，身披黑帛，右手执规，左手扶于伏羲的腰间。二人上方圆圈内有象征太阳的金鸡，尾下圆圈内有象征月亮的玉兔、桂树和蟾蜍。四周绘云纹和星辰。色彩分别为黑、紫、黄、白、桔红、绯红等。

《憧海随葬衣物疏》

年代：唐
质地：纸
尺寸：长 24.5 厘米
　　　宽 28 厘米
收藏单位：新疆维吾尔自治区博物馆

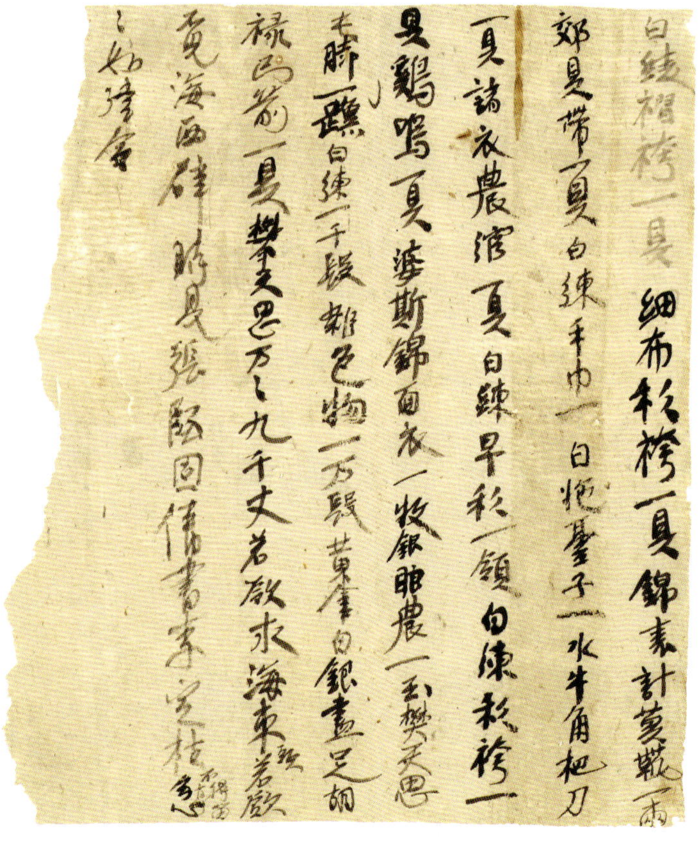

细布衫袴一具　锦素计萬端　白怗墨子　水牛角柳　　绵绢被一具　白练手巾　纟由见诸衣农宿夏白练早秋一领白练裙　鸡鸣夏婆斯锦面衣一般银眼农一玄鹅　胜一题白练一千段杂色物一万段黃金银画　绵萄一具攀文思乃之九千丈若啟求海東　见海雉聘见张服囙清書

中国·唐——一个多元开放的朝代
（7至10世纪）

• ───────────

生肖鼠：鼠首人身，直立，背后倾，长颈高挺，昂首，尖嘴，尖鼻，双眼圆突，两耳竖起向上。

生肖牛：牛首人身，直立，背后倾，双眼圆睁，平视前方，口紧闭，小耳。

生肖虎：虎首人身，直立，背后倾，长颈高挺，昂首，双眼圆睁，黑线勾勒双眼，目视前方，高鼻梁，小立耳，抿嘴。

生肖兔：兔首人身，直立，背后倾，长颈高挺，昂首，大眼圆睁，小鼻，脸颊圆润，长耳贴附颈侧。

生肖龙：龙首人身，直立，背后倾，长颈高挺，昂首，长翘鼻，怒目圆睁，平视前方。

生肖蛇：蛇首人身，直立，背后倾，长颈高挺，昂首，小眼圆睁，宽扁嘴紧抿前伸。

生肖马：马首人身，直立，背后倾，长颈高挺，双目炯炯，平视前方，头部棱骨分明，双耳直竖，嘴紧闭。

生肖羊：羊首人身，直立，背后倾，长颈高挺，平视前方，粗双角卷曲成圆环状，内嵌小耳，鼓眼圆睁。

生肖猴：猴首人身，直立，背后倾，长颈高挺，昂首，小耳后张，眼窝深陷，鼓眼圆睁，小鼻孔微张，凸嘴紧闭前伸。

生肖鸡：鸡首人身，直立，背后倾，长颈高挺，昂首，嘴部紧闭前伸，大眼圆睁，平视前方，高冠，粗脖。

生肖狗：狗首人身，直立，背后倾，长颈高挺，平视前方，小耳下耷，鼓眼圆睁，尖锥状短嘴前伸。

生肖猪：猪首人身，直立，背后倾，两叶形耳外翻下搭贴颈，小眯眼，鼻孔微张，宽扁嘴紧闭前伸。

十二生肖俑均身穿交领广袖曳地长袍，胸系宽带，衣褶刻划细腻，线条流畅。两臂下垂屈肘，双手隐袖内合揖于胸前。通体涂白彩，但大部已剥脱。

十二生肖俑

年代：唐
质地：陶
尺寸：高 32-33 厘米
收藏单位：陕西省考古研究院（陕西考古博物馆）

中国·唐——一个多元开放的朝代（7至10世纪）

十二生肖纹镜

年代：唐
质地：铜
尺寸：直径 17 厘米
收藏单位：洛阳博物馆

仙人骑兽纹菱花镜

年代：唐
质地：铜
尺寸：直径 12.1 厘米
收藏单位：天津博物馆

四
祆教、摩尼教、景教等外来宗教

文化的交流带来了多样的宗教，祆教、摩尼教、景教等域外宗教在唐朝均有信众，各个宗教可以兴建礼拜场所、举行宗教仪式。

随着丝绸之路的繁荣，大量外来使节、商贾进入唐朝，他们多居住在首都长安的东北部，按照自己的信仰建立寺院。祆教在布政坊、崇化坊等修建了祆祠，初唐时还专设"萨宝"一职主持管理。唐建中二年（781年）镌刻的大秦景教流行中国碑，记载了景教得到唐太宗非同寻常的对待和传入中国的过程。不同宗教和睦共处，造就了唐代社会的繁荣局面。

● ─────

经幢为一不规整八棱石柱，以石灰岩质上等青石制成，底部残损。通体刻楷书文字，上有景教经文《大秦景教宣元至本经》和《经幢记》。经幢顶端立面上分别影雕两组装饰图案，中间均为十字架符号，下方有一圈花台，两边绕以彩带。左右两立面配置有"天神"形象，均褒衣博带，身躯婀娜，腰间身后披帛飘逸，身下祥云环绕。第一组"天神"均空手前伸，面朝十字架，该十字架装饰华丽，在中心部位和四端都精细雕刻花纹；第二组"天神"均双手持物，左侧"天神"手持一束鲜花，右侧"天神"手托一圆形饰物。

《大秦景教宣元至本经》是唐朝景教大师景净所造，是一部中国化的基督教神学本体论论文，残石经文可与敦煌遗书《景教宣元本经》进行补订校勘。《经幢记》记载了立经幢的时间（814年）、原委、经过、参加人员等。此经幢原来立于一位来自中亚、移居洛阳、殁后葬于洛阳的"安国安氏太夫人神道"，建造者为其"承家嗣嫡"亲子。景教是源自古叙利亚经波斯（伊朗）而逐步东渐的基督教东方教会，唐代时在长安和洛阳两京地区传播。该经幢的发现为研究景教在中国的传播、中西交通和文化交流情况提供了宝贵资料，在世界文化史上有着非凡的历史意义和突出的学术价值。

大秦景教石经幢拓片

年代：唐
质地：纸
尺寸：高约 80 厘米
　　　宽约 36 厘米
收藏单位：洛阳博物馆

中国·唐——一个多元开放的朝代
（7至10世纪）

第五单元　文人世界

唐朝是中国文学发展的一个高峰，诗歌创作进入黄金时代。流传下来的两千多位诗人创作的近五万首诗作，很多脍炙人口的佳作，成为千古绝唱。李白、杜甫的诗作代表了唐诗的最高成就，他们分别被誉为"诗仙"和"诗圣"。

到了唐代，书法、绘画、雕塑、舞蹈等也大放异彩，这一时期的书法艺术，融汇了南朝的秀美和北朝的雄健，创出新的风格。绘画题材广泛、风格多样，宗教画生活气息浓厚；人物画注重表现人的形态；山水、花鸟也成为绘画主题。王维是这一时期的重要代表人物之一，他参禅悟道，诗歌、音乐、绘画兼善，被认为是绘画与诗歌的理想融合者，留下的作品影响至今。唐朝时期，文人名家辈出、文学书法成就斐然，这与科举制度的影响也是息息相关的。

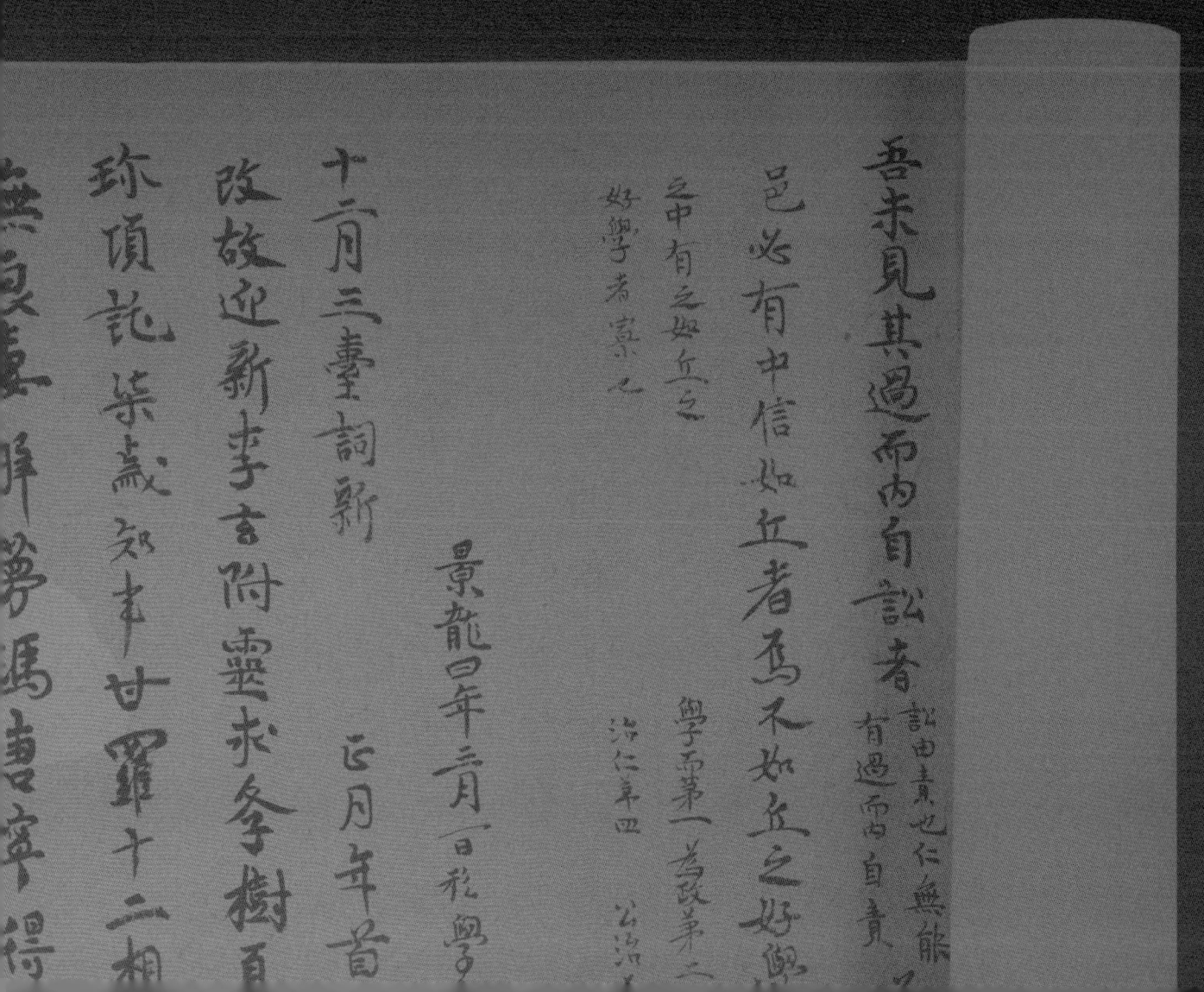

"进禄"箕形砚

年代：唐
质地：陶
尺寸：高 1.5 厘米
　　　长 7.8 厘米
　　　宽 5.9 厘米
收藏单位：天津博物馆

中国·唐——一个多元开放的朝代
（7至10世纪）

白釉辟雍砚

年代：唐
质地：瓷
尺寸：高 5.5 厘米
　　　口径 12.5 厘米
　　　足径 15.5 厘米
收藏单位：天津博物馆

第五单元 文人世界

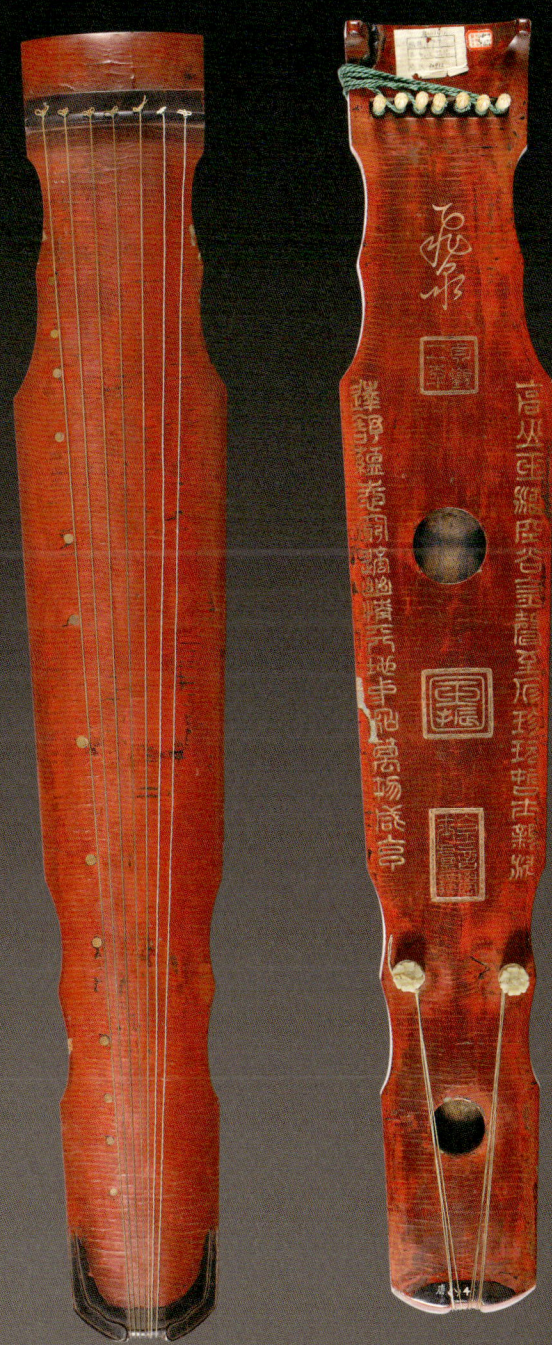

"飞泉"七弦琴

年代：唐
质地：木、漆
尺寸：通长 119 厘米
　　　琴额宽 17 厘米
　　　琴肩宽 20 厘米
　　　琴尾宽 14 厘米
收藏单位：湖南博物院

中国·唐 ——一个多元开放的朝代（7至10世纪）

抚琴舞凤纹海棠形盘

年代：唐
质地：银鎏金
尺寸：口径 21 厘米
　　　底径 15 厘米
收藏单位：西安博物院

弈棋人物纹镜

年代：唐
质地：铜
尺寸：直径 16.4 厘米
收藏单位：天津博物馆

中国·唐——一个多元开放的朝代（7至10世纪）

酒瓮

- 年代：唐
- 质地：银
- 尺寸：通高 55 厘米
  口径 26 厘米
  底径 29.3 厘米
- 收藏单位：镇江博物馆

凸棱高足杯

年代：唐
质地：银
尺寸：高 14.5 厘米
　　　口径 14 厘米
　　　底径 8.6 厘米
收藏单位：镇江博物馆

中国·唐——一个多元开放的朝代（7至10世纪）

酒令筹（两件）

年代：唐
质地：银
尺寸：长 20.4 厘米
　　　宽 1.5 厘米
　　　厚 0.05 厘米
收藏单位：镇江博物馆

酒令筹共 50 根，形制大小相同，呈长方形，切角边，下端收拢为细柄状，每枚正面刻行体令辞，字内鎏金，令辞上半段采自《论语》语句，下半部分为酒令的对象、内容和方法，主要有"自饮""劝饮""处（罚）""放"四种。如"君子不重则不威，劝官高处十分"，文字为楷体，以錾刻成型。银鎏金"论语玉烛"龟形酒筹筒及酒令筹，是一组唐代酒宴上行酒令的专用工具，在唐代出土文物中属首次发现，为研究唐代的饮酒风俗提供了珍贵的资料。

竹节形酒旗

年代：唐
质地：银
尺寸：长 14.3 厘米
收藏单位：镇江博物馆

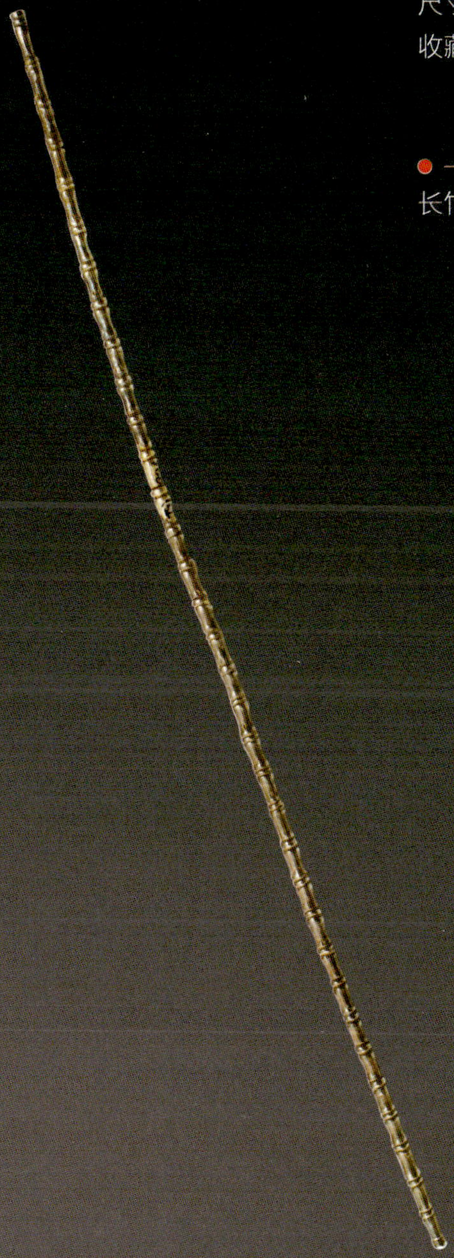

长竹节形，银棒上端接焊两片竹叶饰。

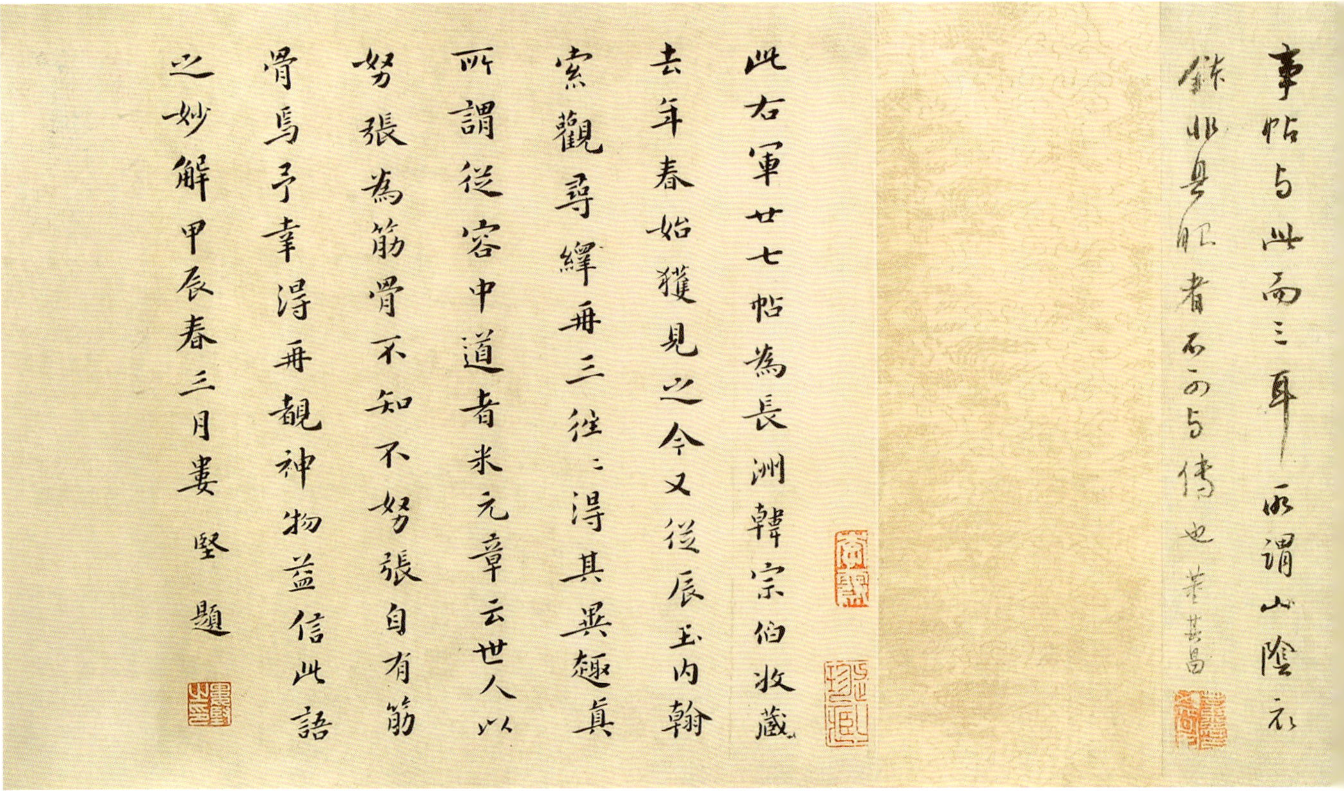

摹王羲之寒切帖卷

年代：唐
质地：纸
尺寸：纵 25.6 厘米
　　　横 21.5 厘米
收藏单位：天津博物馆

海賦

昔在帝媯臣唐之世天綱亨滴為洞為察洪濤瀾汗萬里
無際長波潛池迤逶于喎也乃鏟臨崖之阜陸
決波澒瀁而相陵浚啓八胤之宕鑿嵂崔山甑略
百川潛漢決濟瀹寧騰躍江河既掌萬穴俱流掎拔
五嶽鐍迥九州漸滴淫溢蔚雲露霄消勢為大也廣
於郭雲臺海長烏委翰其為廣也其為大也淵其
為狀也則乃瀲灧艷浮天無岸洒灝湱湧湓波
浩茫乃大明擢轡於金樞之穴翔陽逸駿於扶桑之津彩
沙礫石萬滴島濱梧芒鼓怒溢浪揚浮更相觸搏飛沫迤
濤狀如天輪挺又似地軸挺而激轉文相廻岑嶺飛
勝高反震五嶽鼓舞而相磓濆瀆淪而為魁潏淪笳螭
賴鼙盜激而成窟滀而迤颮貒匈匈
而相歕驚浪雷奔駭水道集開合解會溟濜苞華蹴迅
沙磣石萬滴島濱梧芒鼓怒溢浪揚浮更相觸搏飛沫迤
如連山合乍散噓喻百川洗滌淮漢襄陵廣岸勝潟浩
而噏汲漱溝瞧濆絕浮天無岸沖瀾沆瀁涌渎湓波
五嶽鐍迥九州漸滴淫溢蔚雲露霄消勢為大也廣

顓演濫潛芒乃霆瞳潛消莫振珠瑛纖蘿不動
猶尚呼嘩餘波湧漱溉灌礁山龍甫其枝岐甫淪
飛迅鼓楫汎海陵山栴是候勤風盾兩涘湮跋
望濤龍決同異薯逝鶡如驚見之失侶悠如六龍之所摯
一越三千不終朝而濟兩屆若其負穢懜懜祈則
則有海童邀路馬街當躍天呉乍見而勢齁顢暫曉而
閔屍鞶妖遼逵眇瞄沩泆帆摧橦戕惡廓如靈變
慺恍忽暮氣似夫綠雪蔚霾雲布霧黮電百色妖露呵嗽
歸風以自反飛識觀怪之多駭乡不悟所歷之近遠甫其
裸人之國威凮㢟乎黑齒之邦或乃萍流而浮轉或回
椓束武厓浚乎飛竈之六或挂霄於岑嶷之峰或犖浅于
湛漢沸潰淯澓渭陽雲沃日柼是升入漢子俱南
掩蠻睚眦無度飛驚相礴激勢相切奇雲屑兩源泪跋
大量也則南涂朱崖北壕天爐乐演桥木西唐青徐絲道
櫻浿萬有餘物匯侯之奧括區之坤惟蘆何奇
之富貝興尼之明珠將世之所收者常阚耳未名若吾
無且希世之所閬思富其名故可彷像其也蠙鐵其形乃
其為亀也包乾之奧坤區合形內壚壙戊坎伐廣以自居
不有何怪不儲苞積涘合形物類主何有何無
弘往納來以宗以部品物類主何有何無
如何鮮于樞伯幾父記
奉定丙寅夏四月八日費仲純得李思訓海天落照卷
王都門屬余書木玄晷海賦于陵芋法源草大耀不悔

第五单元 文人世界

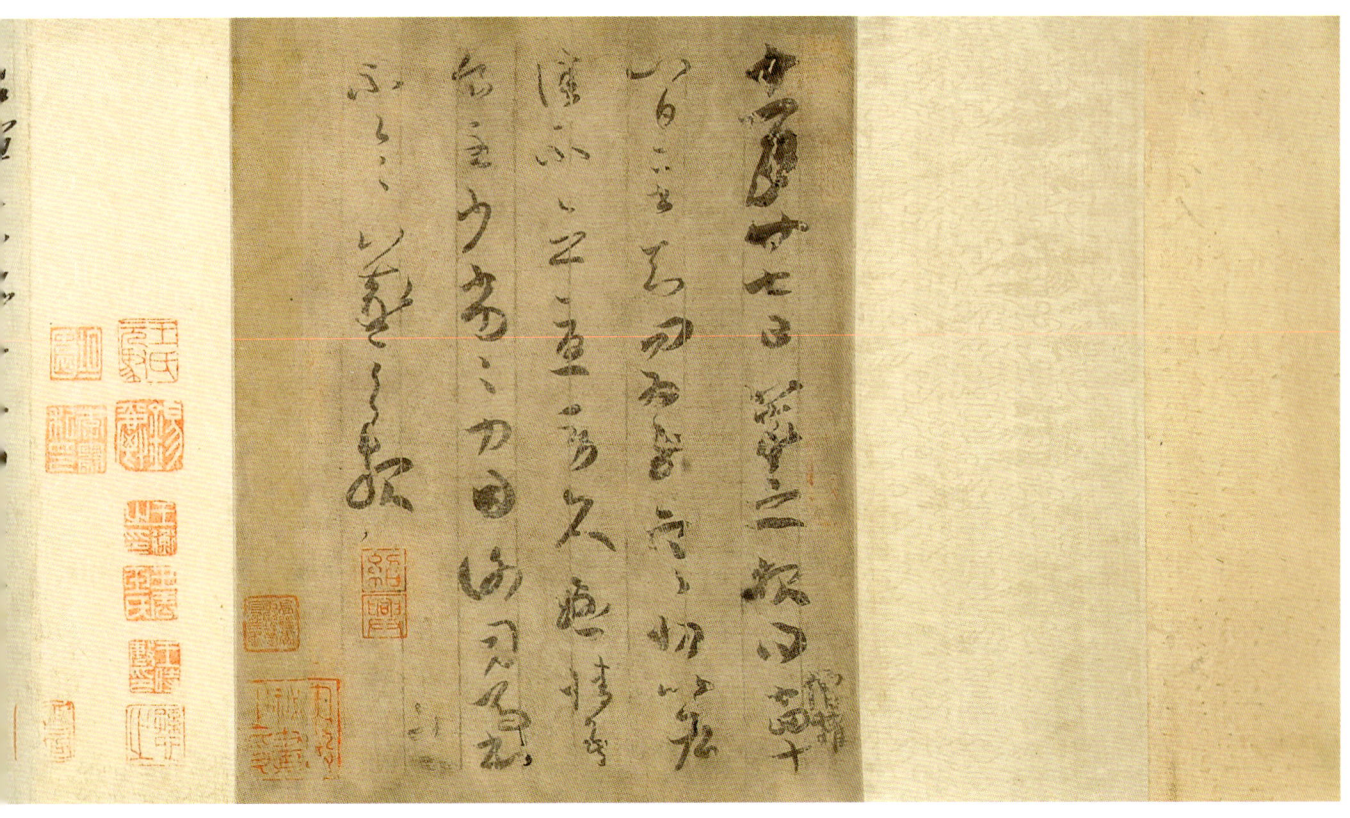

● ———

王羲之，字逸少，东晋著名书法家，被后人尊称为"书圣"，与其子王献之并称"二王"。其书法受到历代书家推崇，此帖是王羲之的一封回信，由书风判断应为晚年所作。大意是告之近况，"十一月廿七日羲之报：得十四、十八日书，知问为慰。寒切，比各佳不？念忧老久悬情。吾食甚少，劣劣！力因谢司马书，不一一。羲之报。"

可惜真迹早已毁佚，今所见到王羲之书法，唯有钩摹本和法帖摹刻拓本二种。又因钩摹本是直接在原迹上勾勒填墨而成，最为接近王羲之书法原貌，因而尤显珍贵，故将唐摹本视同为王羲之真笔。董其昌在卷后跋文中认为此帖为王羲之三本真迹之一，亦足见其珍贵。董其昌本人书风亦以"二王"为宗，颇多临仿，可谓"二王"书风的一位集大成者。

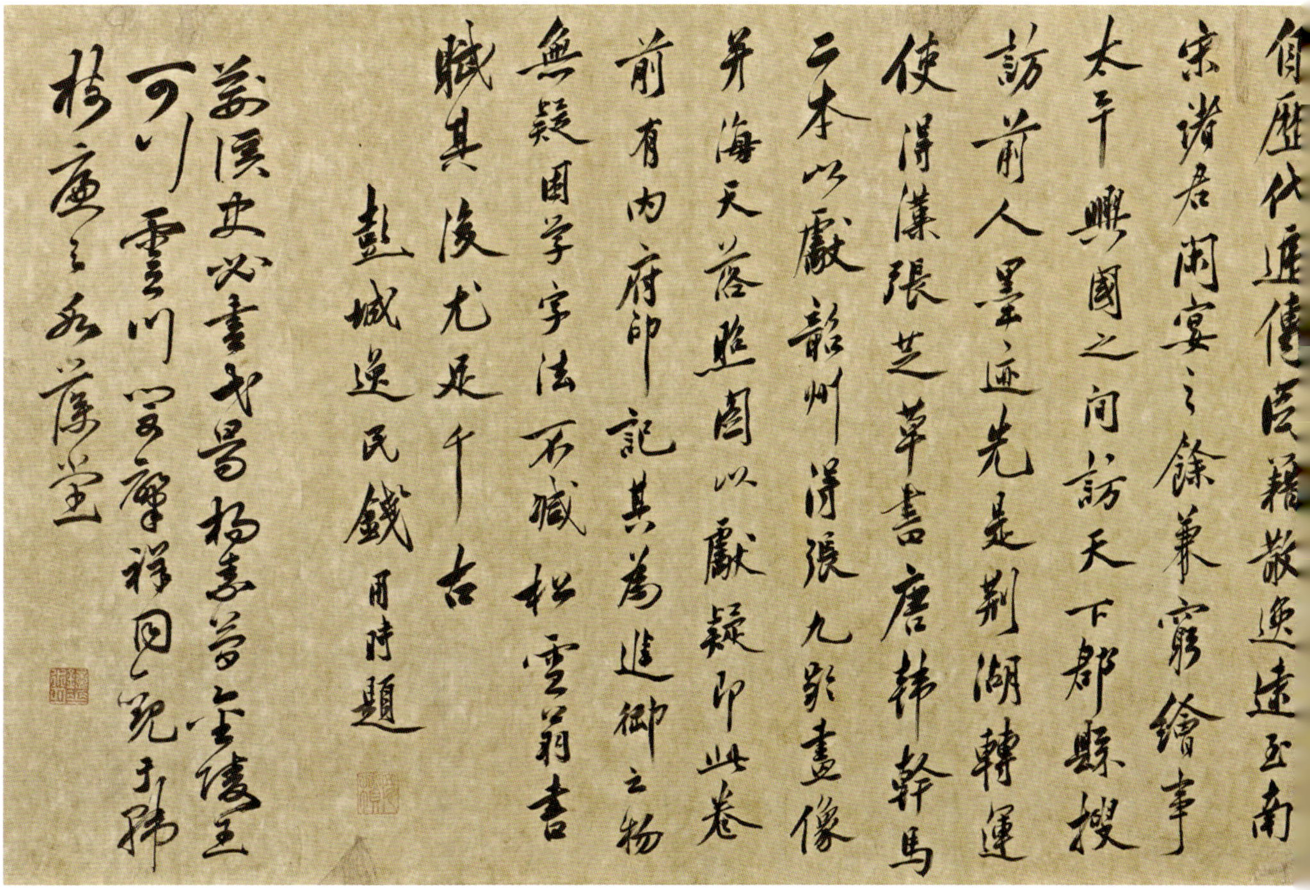

（竖排，从右至左）

館歷代逓傳圖籍散逸殆盡至南宋諸君閒宴之餘纂窮繪事太平興國之間訪天下郡縣搜訪前人墨迹先是荊湖轉運使得漢張芝草書唐韓幹馬二本以獻韶州得張九齡畫像并海天落照周以獻疑卬此卷前有内府印記其為進御之物無疑因學字法不減松雲翁書賦其俊尤足千古

赴城逸民錢甪時題

蕨溪史必書也昌楊寿菖金陵王可川雲門學庵祥同觀于韓

栘庫主丞葊堂

第六单元 技臻于美

作为当时的世界性大都会,宫廷作坊制作的精美器具、异域的奇物异产、地方官民进奉的各类贡品,大量涌入长安,见证了文化交流的空前繁荣。唐朝国富民强,生产力取得长足发展,手工作坊(包括宫廷作坊)掌握着高超的工艺水平,这使得李唐皇室能够拥有众多凝聚技艺与美学的珍宝。本次展览,首次齐聚法国展出的何家村窖藏、法门寺地宫、丁卯桥窖藏出土的珍宝,是其中的重要代表。唐代不论是手工艺作品,还是艺术审美风格,都蕴含着多元包容、大气辉煌的时代特色。

第五单元 文人世界

明人仿李思训海天落照图卷

年代：明
质地：绢
尺寸：画心纵 46.7 厘米
　　　横 244.9 厘米
收藏单位：辽宁省博物馆

第六单元　技臻于美

中国·唐——一个多元开放的朝代
（7 至 10 世纪）

一
何家村窖藏

何家村窖藏是 20 世纪中国最伟大的考古发现之一，该窖藏于 1970 年在今陕西省西安市内发现，共出土 1000 多件文物。这批珍宝汇集了用贵金属、宝石等制成的各种物品，还有来自外国的钱币（拜占庭、萨珊、日本），显示了丝绸之路对沿途地区经济贸易和文化交融有很大的促进作用。

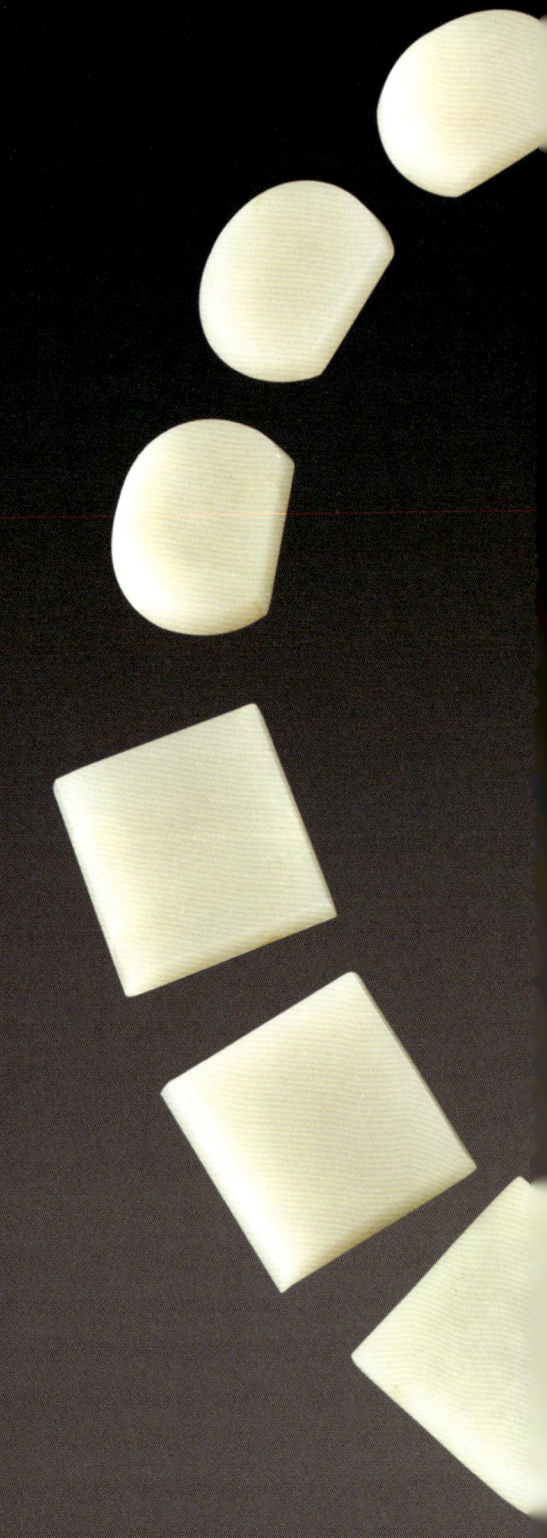

更白玉带銙

●————————

年代：唐
质地：玉
尺寸：圆首矩形銙：长 4.8 厘米
　　　　　　　　宽 3.8 厘米
　　　　　　　　厚 0.7 厘米
　　　方銙：长 3.8 厘米
　　　　　　宽 3.6 厘米
　　　　　　厚 0.6 厘米
收藏单位：陕西历史博物馆

第六单元 技臻于美

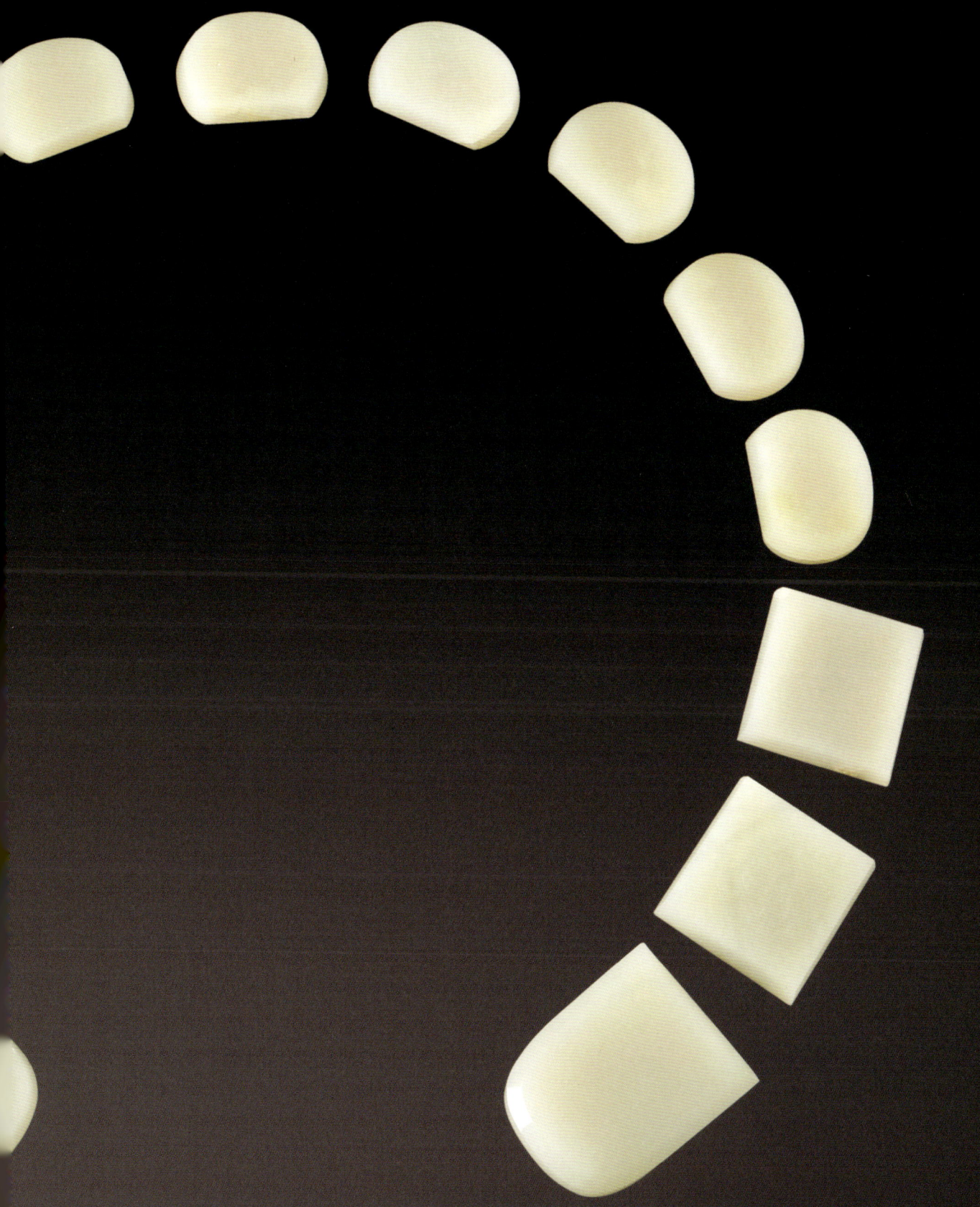

181

中国·唐——一个多元开放的朝代
（7至10世纪）

鎏金折枝花纹盖碗

年代：唐
质地：银鎏金
尺寸：通高 9.5 厘米
　　　口径 21.8 厘米
收藏单位：陕西历史博物馆

第六单元 技臻于美

侈口，深腹，喇叭形圈足，盖足内有莲叶组成的六出团花一朵，盖周散点排列桃形忍冬结六朵，腹部刻折枝花六株，花形似葡萄石榴。盖面及底部外沿均有小花六朵，花纹平錾，纹饰鎏金。盖内有"二斤一两并底"。碗内底有"二斤一两并盖"墨书，圈足内錾刻"进"字。说明这是地方官员进奉给朝廷之物。

唐代有地方官向皇帝进奉金银器之事，唐玄宗以后进奉之风兴盛，每逢元旦、冬至、端午和皇帝生日，地方官都要进献财物，逐渐形成社会风尚。根据历史背景和银器的花纹特点，这件器物为唐德宗时期制造的可能性很大。

中国·唐——一个多元开放的朝代（7至10世纪）

赤金走龙

年代：唐
质地：金
尺寸：高 2.1 厘米
　　　长 4.1 厘米
收藏单位：陕西历史博物馆

鎏金刻花银锁附钥匙

年代：唐
质地：银鎏金
尺寸：通长 12.1 厘米
收藏单位：陕西历史博物馆

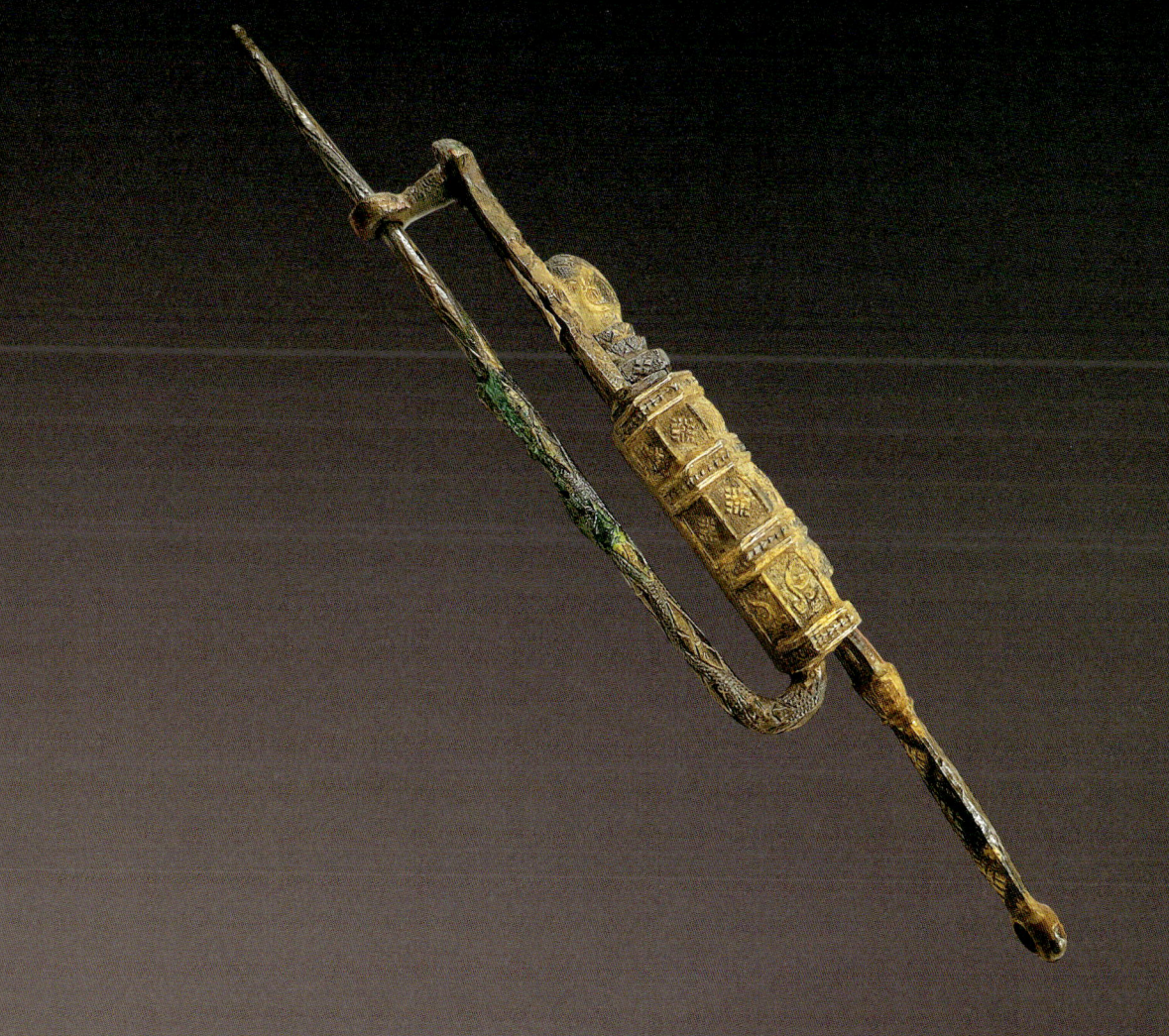

银饼

年代：唐
质地：银
尺寸：最大径 10.4 厘米
　　　厚 1 厘米
收藏单位：陕西历史博物馆

"开元通宝"银钱

年代：唐
质地：银
尺寸：直径 2.6 厘米
　　　厚 0.2 厘米
收藏单位：陕西历史博物馆

"五两朝"银铤

年代：唐
质地：银
尺寸：长 21.4 厘米
　　　宽 4 厘米
收藏单位：陕西历史博物馆

中国·唐——一个多元开放的朝代
（7 至 10 世纪）

二
法门寺地宫

　　1987 年陕西法门寺佛塔地宫被重新开启，一大批唐代宫廷文物重见天日。在嵌套的宝函中，存放着世上仅存的佛祖真身指骨舍利。同时出土的还有 121 件金银器，部分为唐懿宗、唐僖宗父子所供奉。这批金银器中还有一套茶具，包括茶碾子、筛茶末的茶罗子等，是研究晚唐饮茶方式和相关习俗历史的绝佳材料。除佛教供物器皿外，地宫中还出土了琉璃器、秘色青瓷、丝织品、香具等。

　　香囊，又称香球，古代皇室贵族常用熏香器，或随身佩戴，或陈设于室内，或悬挂于车帐，主要用于熏衣香体、悦心怡情。陕西法门寺地宫出土这枚为唐僖宗供奉的银质香囊，通体镂空，外壁局部鎏金，錾饰雀鸟纹，内部设有内、外机环，连接香盂，香囊无论怎样转动，香盂始终保持平衡，与近代陀螺仪原理相类似，为不可多得的唐代宫廷香囊珍品。

　　后来，香囊制作技艺还随着丝绸之路传入西亚、北非，在埃及的马穆鲁克王朝时期，由当地的匠师仿制的"香球"又传入了意大利威尼斯，引起了欧洲的"技术革命"。16 世纪意大利人杰罗姆·卡丹利用其原理制作出了"卡丹平衡环"，将其用于航海，促成了大航海时代的到来。有些学者还认为，欧洲"近代陀螺仪"也源于中国的香具原理。这一重大发明推进了人类文明的发展进程，是中国文化对人类文明的又一巨大贡献。

雀鸟纹香囊

年代：唐
质地：银鎏金
尺寸：直径 5.8 厘米
　　　链长 18 厘米
收藏单位：法门寺博物馆

香囊结构图

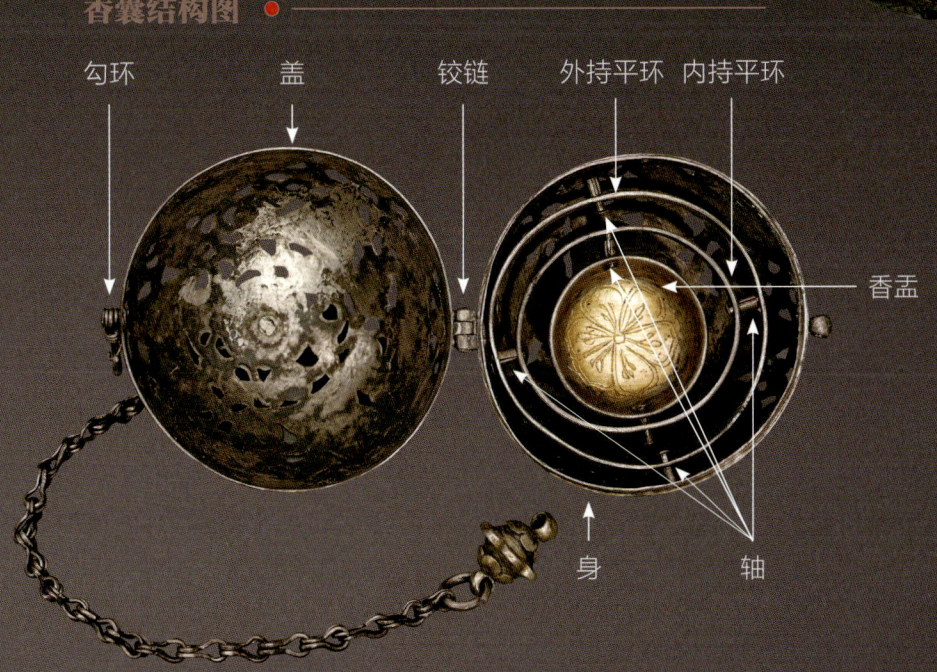

勾环　盖　铰链　外持平环　内持平环　香盂　身　轴

中国·唐——一个多元开放的朝代
（7至10世纪）

人物故事图香宝子

年代：唐
质地：银鎏金
尺寸：通高 24.5 厘米
　　　口径 13.0 厘米
　　　腹深 11.4 厘米
　　　圈足径 12.6 厘米
收藏单位：法门寺博物馆

这是法门寺地宫出土的两件银鎏金人物故事图香宝子之一，钣金成型。经初步判断，腹壁绘图推测为郭巨埋儿、菩提悟道、观棋烂柯、四门游观四幅人物故事图。这件银鎏金人物故事图香宝子为香具，用以盛储香料。

法门寺出土的这两件鎏金人物故事图香宝子，材质珍贵，器形硕大，制作精美，纹饰意义非凡，应该为唐代宫廷所用的皇家御用香器具。

银鎏金人物故事图香宝子上的人物故事解读表

故事	图像	内容
郭巨埋儿		郭巨，东汉人，事亲至孝。妻产子，巨念儿妨事亲，一也，老人得食，喜分儿孙，减馔，二也，乃于野凿地，欲埋儿，得石盖，下有黄金一釜，中有丹书，曰："孝子郭巨，黄金一釜，以用赐汝。"
菩提悟道		乔达摩·悉达多于菩提树下经过七天七夜修行终成正果，被称为释迦牟尼。图中佛教人物身着中国化服饰。
观棋烂柯		晋代，王质入石室山伐木，见有两个童子边下棋边唱歌，就在旁边观棋听唱。童子给王质一枚像枣核的东西，含在嘴里便不觉饥饿。过一会儿，童子问王质："你怎么还不走？"王质起身一看，发现斧柄已经烂尽。回到乡里，已无与他同时的人了。
四门游观		释迦牟尼未出家时，从迦毗罗城四门出游，见生老病死人生四苦，深感人生无常，而决意出家修行。此图为出东门时遇见一位瘦弱老者树下待死，心有所感。图中佛教人物均为中国化形象，应是唐代佛教中国化的直接体现。

中国·唐——一个多元开放的朝代（7至10世纪）

团花纹葵口圈足碟（两件）

年代：唐
质地：银鎏金
尺寸：高2.1厘米
　　　口径11.1厘米
收藏单位：法门寺博物馆

壸门座波罗子（两件）

年代：唐
质地：银鎏金
尺寸：高4.1厘米
　　　口径10.7厘米
收藏单位：法门寺博物馆

羯摩三钴杵纹阏伽瓶

年代：唐
质地：银鎏金
尺寸：通高 19.7 厘米
　　　腹径 12.9 厘米
收藏单位：法门寺博物馆

三 瑰丽的材质

长安城的西市，不乏专门出售珍贵材料的店铺，如东罗马或萨珊的玻璃、南亚的象牙，以及贵重的金银器及玛瑙、水晶等。这些奇珍异宝在上层社会中流通，或作为装饰（玉带），或作为珍玩。产自阿富汗的优质青金石沿丝路来到大唐，这种宝石是一种天然矿物颜料，改变了宫廷画家们的创作手法，使山水画以青绿色为主，其中李思训将军（651-718年）的"青绿山水"最具代表性。

● 此盒四出莲瓣形，盖面弧凸，以子母口与盒身扣合；盖、盒均直口，盒下腹内收，底接喇叭形圈足；盖面锤刻凸花，以衔草双凤纹为主体，边缘环绕八对相向飞雁，间以缠枝莲和鱼子纹地；盖、盒各在鱼子纹地上刻奔鹿八组，衬以卷草纹，上下各镶两道涂金边；腹下刻八朵牡丹团花，圈足一周上刻有十只鸿雁，足边沿饰有莲瓣纹。盒外底刻"力士""伍拾两壹钱贰字"。银盒造型端庄，刻花处鎏金，显得富丽堂皇，是唐代金银器中不可多得的佳品。关于"力士"二字，学术界研究较多，认为有可能是唐代标榜名牌商标的意思。

双凤衔草纹盖盒

年代：唐
质地：银鎏金
尺寸：通高 26 厘米，口径 31 厘米
　　　腹径 32 厘米，底径 25.6 厘米
收藏单位：镇江博物馆

中国·唐——一个多元开放的朝代（7至10世纪）

花金银平脱鸟纹镜

年代：唐
质地：铜、金、银
尺寸：直径 24.6 厘米
　　　缘厚 0.7 厘米
收藏单位：偃师博物馆

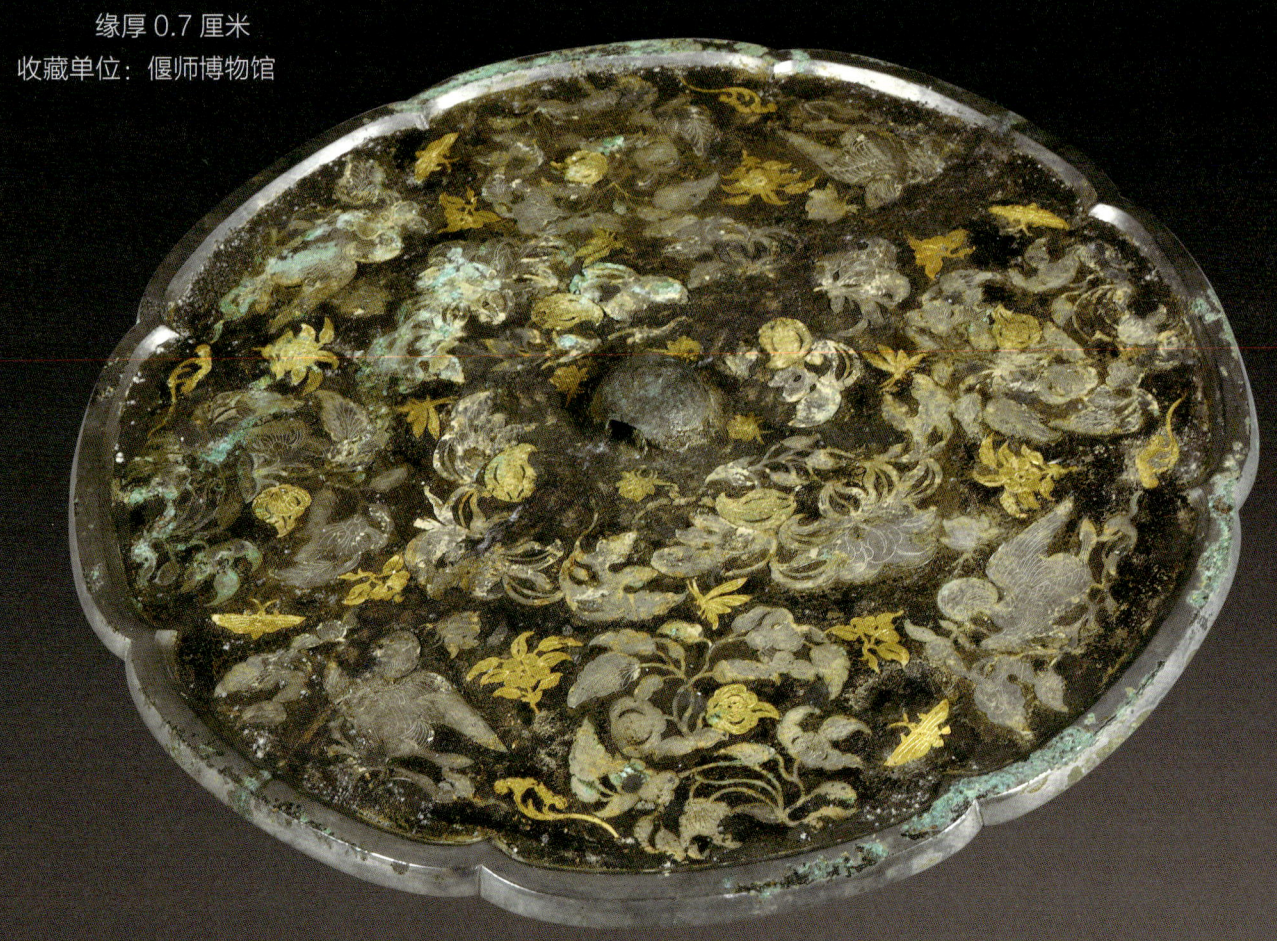

镜呈八出葵形，小圆钮。钮四周边用银箔剪成四朵菊花花蕾，外围用银箔饰四组兽鸟环绕，嘴衔花叶。其中用金箔、银箔剪成花枝、蝴蝶、蜜蜂、祥云填饰其间。

这面铜镜纹饰均是金银片雕磨而成，其工艺制作过程较为精细，它是将雕好的金银饰片用胶漆平贴于素胎之上，空白之处填漆，经精心打磨，使花纹与漆平齐，这种工艺称为平脱工艺。金银平脱工艺镜属十分珍贵的铜镜，也为我国古代制镜业增添了新的光彩。

铜镜纹饰象征着美好幸福，在金银纹饰的衬托下，更显富贵华丽、精美异常。主题纹饰在鸾凤和小天鹅的点缀下，显得生机勃勃，反映了盛唐时期艺术繁荣的局面。

玉梁金筐宝钿真珠装蹀躞带

年代：唐
质地：金、玉
尺寸：复原长 150 厘米
收藏单位：陕西省考古研究院（陕西考古博物馆）

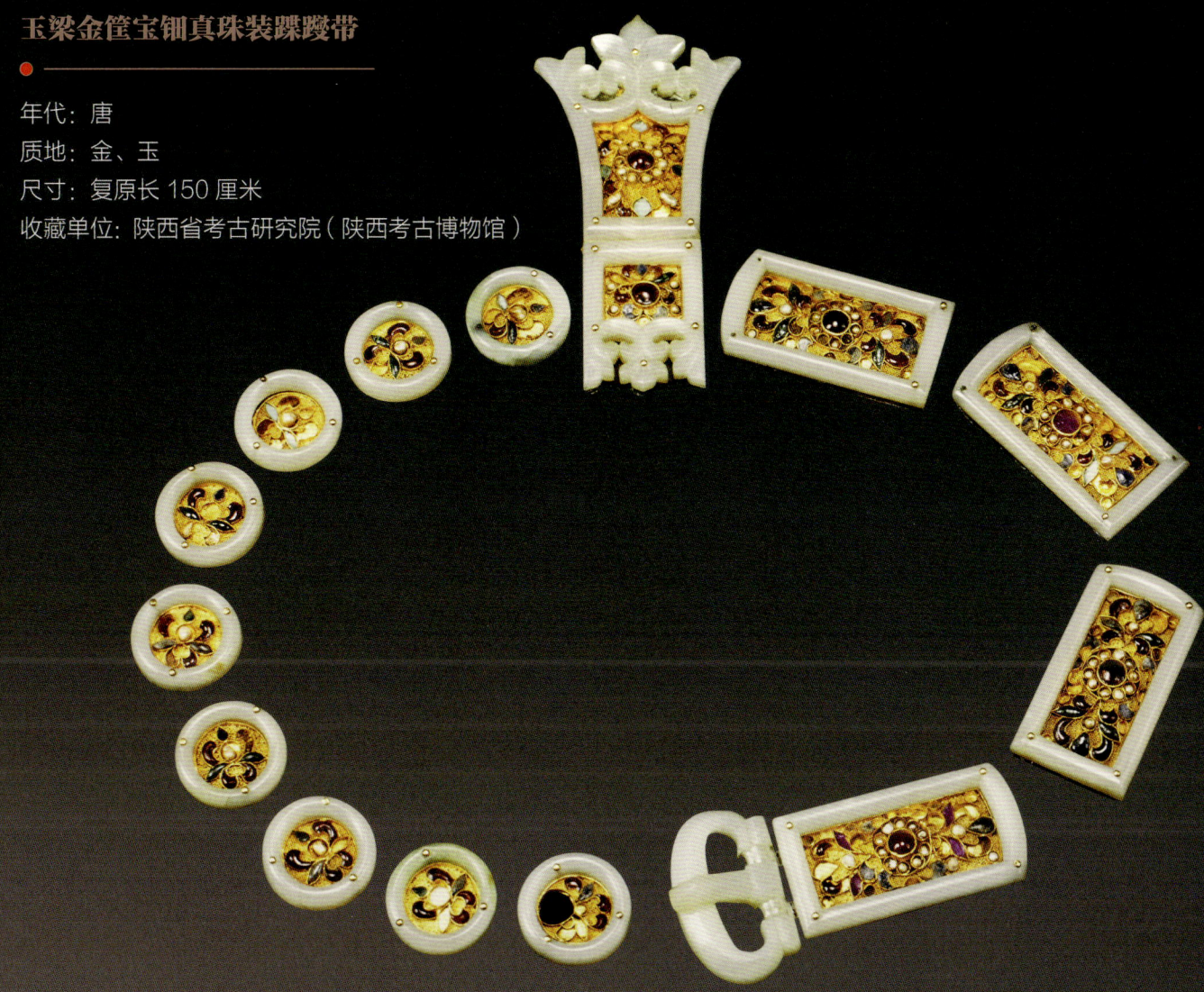

玉带的基本样式为在带鞓上装有镶嵌宝珠的玉带具，在带鞓背面相应部位有铜衬板，在玉框边上钻有若干个透孔，并以金质铆钉将玉框、带鞓、铜衬板铆固在一起。玉框就是唐代《通典》中所称的"玉梁珠宝钿带"中的"玉梁"。

带具的边框均以青白玉制作，玉框内均嵌入一块周边有折沿金板，其上焊接由薄金片绕成的折枝花卉、宝相花轮廓，内嵌珠宝，就是珍珠和彩色琉璃烧制的人造宝石，其余空间平铺密密麻麻细如小米粒一样的金珠。

其中蹀躞带饰由上下两节构成。上节顶端玉框镂雕五尖叶忍冬形，两侧为对称的三尖叶忍冬形，下端呈方形，下节均与上节形制相同，但下端外轮廓向左右外撇呈花朵状。上下两节之间以密集的金活页轴相连，从而使其能够活动自如。

玉带以青白玉雕琢，在玉梁内嵌的金板装饰有金筐宝钿真珠装，技艺精湛，是已知考古发掘出土的唐代最为豪华与珍贵的玉带具，也是唐代玉雕工艺、黄金炸珠工艺（金珠缀焊工艺）、彩色琉璃仿天然宝石工艺完美结合的典范。

龙首

年代：唐
质地：玉
尺寸：高 10.2 厘米
　　　长 18 厘米
　　　宽 7.5 厘米
收藏单位：西安博物院

白釉"官"字款花瓣式盏托

年代：唐
质地：瓷
尺寸：高 2.9 厘米
　　　口径 11.7 厘米
　　　足径 5.9 厘米
收藏单位：西安博物院

中国·唐——一个多元开放的朝代
（7至10世纪）

第七单元　长安西望

第七单元 长安西望

唐朝国力强盛,文化发达,横跨欧亚大陆的贸易路线——丝绸之路得到了全面开拓。唐人通过丝绸之路同周边及更远地区的各民族进行频繁的物质、精神文化交流,出现了中国历史上文化交流的鼎盛时期。

辽阔无垠的沙漠戈壁上,一队队西去的商旅,行进悠悠古道上,把中国的丝织品、漆器、瓷器、茶叶等运往中亚、西亚,又带回那里的特产——动物、植物、香水熏香、珠宝、金银器等。

长安也吸引了各个民族乃至众多域外人士远涉而来,出使结好、商业贸易、求知问学、传播宗教,有时还担任节度使、将军等重要职位。丝绸之路引发了异域审美风潮,在金银器、纺织品和玻璃器的生产上也有所体现。来自波斯或中亚的乐器伴奏舞蹈和音乐,使唐人的乐舞曲目愈加丰富。纷至沓来的多种外来水果、蔬菜、香料和菜肴,逐渐与中国传统烹饪文化相融合。

另一方面,除了货物商品,中国的造纸术、炼丹术、医学、养蚕和丝织技术也经由丝绸之路传入中亚、阿拉伯,并进一步传播到更广阔的区域。

模印彩绘胡商牵驼画像砖

年代：唐
质地：砖
尺寸：长 33.5 厘米
　　　宽 21.5 厘米
　　　厚 6 厘米
收藏单位：山丹县博物馆

年代：唐
质地：砖石
尺寸：长 34.5 厘米
　　　宽 34 厘米
收藏单位：张掖市博物馆

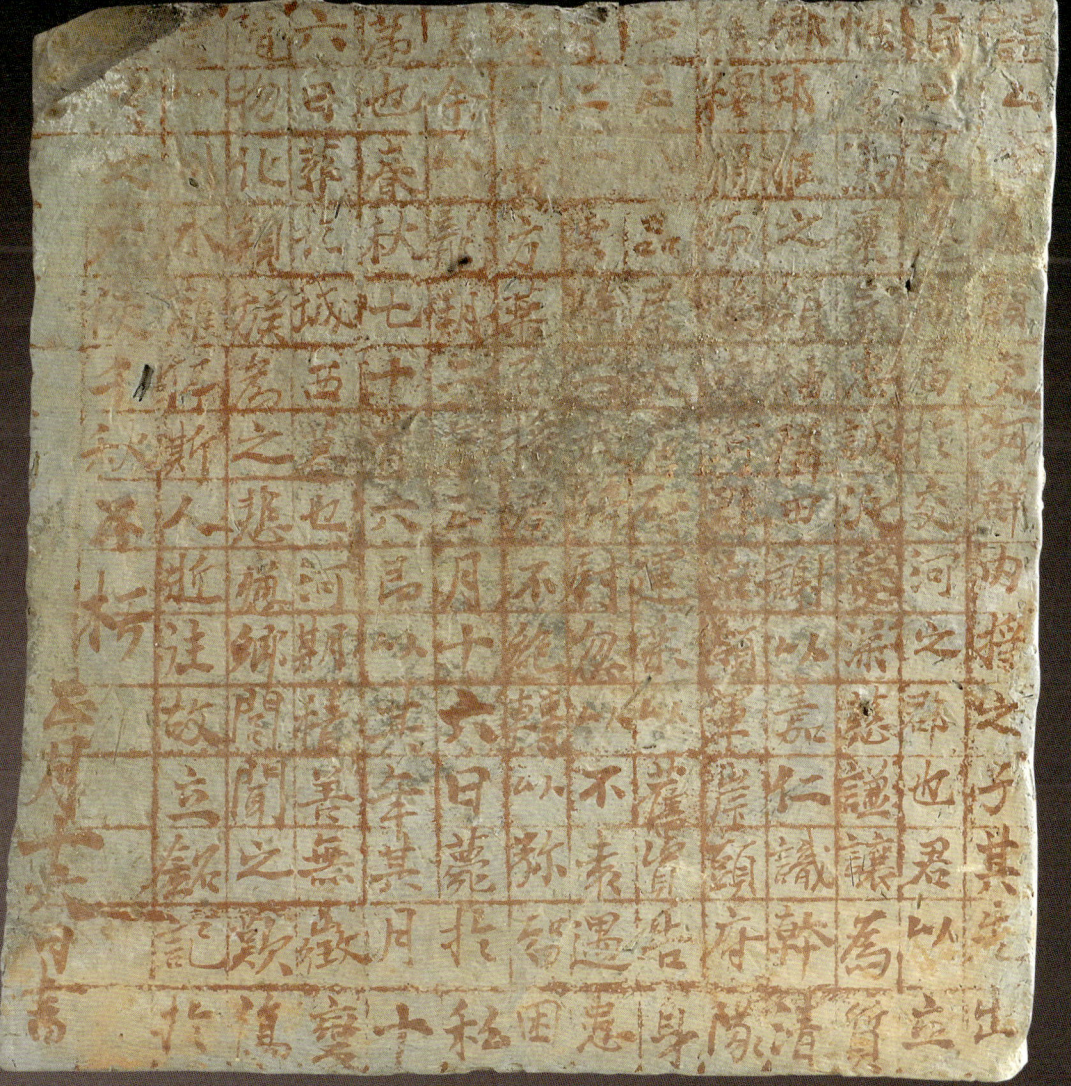

中国·唐——一个多元开放的朝代（7至10世纪）

"开元通宝"钱

年代：唐
质地：铜
尺寸：直径 2.5 厘米
收藏单位：新疆维吾尔自治区博物馆

东罗马金币

年代：唐
质地：金
尺寸：直径 1.7 厘米
收藏单位：新疆维吾尔自治区博物馆

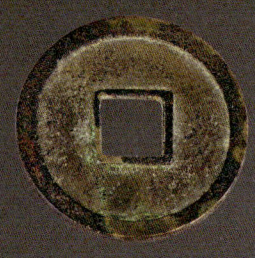

波斯萨珊银币（二十枚）

年代：唐
质地：银
尺寸：直径 3.1 厘米
收藏单位：新疆维吾尔自治区博物馆

中国·唐——一个多元开放的朝代
（7至10世纪）

彩绘黑人舞俑

年代：唐开元十八年（730年）
质地：陶
尺寸：高50厘米
　　　座厚2.5厘米
收藏单位：庆城县博物馆

三彩釉陶胡人牵夫俑

年代：唐
质地：陶
尺寸：高 43.5 厘米
收藏单位：陕西历史博物馆

彩绘参军戏俑

年代：唐开元十八年（730年）
质地：陶
尺寸：高54厘米
收藏单位：庆城县博物馆

参军戏也叫滑稽戏，是中国古代戏曲形式，由优伶演变而成。五胡十六国后赵石勒时，一个参军官员贪污，就令优人穿上官服，扮作参军，让别的优伶从旁戏弄，参军戏由此得名。此俑头戴黑色巾帻，面部肌肉生动而显滑稽，额头三条皱纹弯曲而深长，眉棱高突紧蹙，三角眼神光外露，高鼻准扁平上翘，鼻孔大而漏风，下唇前凸上压上唇，口角下弯而凹，颧骨隆起，双肩高纵，脖颈前伸，下颌扁平而前凸。高出鼻准，头向右倾，臀部左歪，通体呈"S"状站立。足蹬长筒黑靴，左腿直立，右腿虚步，略呈丁字形站于长方形平底座上。

魔术对于现在的人们来说已经没有那么神乎其神了，而在唐代魔术被称为"幻术"，是当时大众喜闻乐见的"胡俗"文化。幻术在宫廷节日典礼、城市坊里、寺院道观里均有表演，特别是表演手技节目的魔术者常常不用道具辅以表演，因其大肚形体，袒腹露胸反而成了人们关注的目标。这件彩绘袒胸露乳胡人俑高鼻梁、大鼻头、下巴浓密的连鬓胡须呈铲形，身着胡服，上半身袒胸，露出下垂到大肚皮的乳头，神情故作嗔怒状，两臂屈肘反置于身后，似在迷惑他人，突然变出戏法。

第七单元　长安西望

袒胸胡人俑

年代：唐开元十八年（730年）
质地：陶
尺寸：高50厘米
收藏单位：庆城县博物馆

中国·**唐**——一个多元开放的朝代
（7 至 10 世纪）

三彩釉陶胡人牵夫俑

年代：唐
质地：陶
尺寸：高 47 厘米
收藏单位：陕西历史博物馆

中国·唐——一个多元开放的朝代
（7 至 10 世纪）

唐朝最繁盛的时期，有大量的外国人随丝路入大唐，在长安城中生活，从事各种各样的行业，有些甚至做到朝廷中的重要职务，成为高级官员。很多外国的音乐家、舞蹈家也随着丝路来到长安。唐代墓葬中出土过大量胡人奏乐、舞蹈的陶俑。这件三彩骑驼奏乐俑，就是一尊骑着骆驼的唐代胡人音乐家的塑像。驼首高高仰起，嘴巴微张，似若嘶吼。一块开两孔椭圆形带褶皱花边的毡罩在骆驼后背，双峰恰好从两孔中穿出。胡人侧身坐在两峰之间，幞头束发络腮胡须，高鼻深目。身着翻领窄袖袍，脚穿一双尖头靴。双腿交叉，右手手肘垫在骆驼前峰上，前臂弯曲，手半握着伸在胸前。左手握着一支鼓槌，自然搭在大腿上。胸前挂着一面中间内束的鼓，似乎正要击鼓歌唱，神态自若，显得十分灵动。

第七单元 长安西望

三彩胡人骑驼奏乐俑

年代：唐
质地：陶
尺寸：通高 50.1 厘米
　　　长 40.5 厘米
收藏单位：西安博物院

中国·唐——一个多元开放的朝代（7至10世纪）

彩绘驼夫俑

年代：唐
质地：木
尺寸：高56厘米
收藏单位：新疆维吾尔自治区博物馆

三彩骑人骆驼俑

年代：唐
质地：陶
尺寸：高 39 厘米
　　　长 32 厘米
收藏单位：洛阳博物馆

中国·**唐**——一个多元开放的朝代
（7至10世纪）

石刻胡旋舞墓门扇

年代：唐
质地：石
尺寸：单扇长 89 厘米
　　　宽 43 厘米
　　　厚 5 厘米
　　　圆柱门枢高 13 厘米
　　　　　直径 10 厘米
收藏单位：宁夏回族自治区博物馆

第七单元 长安西望

墓门呈长方形，每扇门上下有圆柱状榫，两门闭合处各有一孔，出土时有铁锁锁扣。每扇石门正中浅雕一位"胡旋舞"男伎，为典型的胡人形象：虬髯卷发，深目高鼻，宽肩细腰，体魄健壮。身着圆领紧身窄衫，下着紧腿裙，足蹬长筒皮靴，站立在一块编织精美的小圆毯上，双人对舞。左边舞者侧身回首，左脚站立，右腿后屈，左臂抬起后扬，右臂屈至头顶；右侧舞伎右脚立毯上，左腿前伸，双臂上屈，至头顶上方合拢。两人均手举长巾，熟练挥旋。四周剔地浅浮雕卷云纹，似舞伎腾跃于云气之中，造成流动如飞的艺术效果。整个画面构思精妙，主题突出，人物面部表情生动自然，体态轻盈健美，舞姿迅疾奔放，充满欢乐生活气息。

伴随着丝绸之路的开通，中原与西域在经济、文化上的交融日益密切。据史料记载，"胡旋舞"主要来自中亚"昭武九姓"中的康国、史国和米国等。这几个西域方国都属隋唐时期的粟特人。唐代石刻胡旋舞墓门扇的发现，反映出中、西亚乐舞对宁夏地区文化艺术的深刻影响，是中西文化交流十分珍贵的遗物，是西域文化艺术与中原地区石雕工艺有机结合的结晶，也是当时北方民族大融合历史背景的实物见证，揭示出宁夏在北方国际商贸中的突出地位。

中国·**唐**——一个多元开放的朝代
（7至10世纪）

兽纹马具（一套）

年代：唐
质地：银鎏金、皮革
尺寸：长 2.4-5 厘米
　　　宽 1.6-4.1 厘米
收藏单位：甘肃省文物考古研究所

此套一组 25 件，包括革带、带饰、带扣、带箍、节约等，除革带以外皆为银质。其中三叶花形鎏金银节约 5 件，圭形鎏金银带饰 2 件，银带扣 2 件，银带箍 1 件，三角形鎏金银带饰 2 件，圆弧三角形鎏金银带饰 2 件，桃形鎏金银带饰 11 件。除带扣及带箍外皆于中心铸有狮或狮噬鹿纹图案，中心纹饰表面皆鎏金。该批器物极具北方草原文化特征，是丝绸之路商贸和文化交流的产物。

第七单元 长安西望

中国·**唐**——一个多元开放的朝代
（7至10世纪）

● 金银餐饮器具1组（14件）。包括银罐、盘和胡瓶。银盘内放置1件素面金碟、2件折腹银碗、3件素面银碟、1件凤鸟纹银碟和银勺、匙各1只以及银筷1双

餐饮器具（一组）

● ────────

年代：唐

质地：金、银

尺寸：银罐：罐高 19.8 厘米，口径 6.6 厘米，最大腹径 14 厘米
　　　　　底径 7.3 厘米，器盖高 2.3 厘米，直径 7 厘米
　　　银盘：高 4 厘米，口径 29.4 厘米
　　　金碟：高 1.5 厘米，口径 6.4 厘米
　　　银腹碗：前：高 3.4 厘米，口径 8.6 厘米，底径 4.9 厘米
　　　　　　　后：高 3.5 厘米，口径 7.2 厘米，底径 3.4 厘米
　　　银碟：高 1.2 厘米，口径 9.1 厘米
　　　　　　高 2.1 厘米，口径 9.31 厘米
　　　　　　高 1.2 厘米，口径 9.2 厘米
　　　凤鸟纹银碟：高 1.29 厘米，口径 5.94 厘米，底径 2.69 厘米
　　　银勺：通长 11.65 厘米，勺面长 3.9 厘米，宽 2.87 厘米，高 1.4 厘米
　　　　　　勺柄宽 0.33-0.64 厘米，厚 0.18-0.46 厘米
　　　银匙：通长 12.66 厘米，匙面长 3.6 厘米，宽 4.2 厘米
　　　　　　匙柄宽 0.32-0.68 厘米，厚 0.16-0.47 厘米
　　　银筷：长 13.1 厘米，直径 0.29-2.17 厘米，呈细长圆棍状
　　　银胡瓶：高 39.5 厘米，口长 12 厘米
　　　　　　　口宽 1.78-5.55 厘米，底径 10 厘米

收藏单位：甘肃省文物考古研究所

中国·唐——一个多元开放的朝代
（7至10世纪）

白釉鹰首执壶

年代：唐
质地：陶
尺寸：高 22 厘米
　　　腹径 17 厘米
收藏单位：洛阳市考古研究院

　　唐代白釉鹰首执壶出土于现在的洛阳市洛龙区龙康社区，是不可多得的精品。壶身整体呈梨形，小口、尖流，口部向后侧延伸成弯弧形手柄。盖呈鹰首状。鹰目高突，炯炯有神。鹰首执壶具有明显的波斯萨珊式造型风格，这种巧妙地把外来文化与传统民族艺术结合起来的装饰手法，是唐代陶瓷造型上的创新。

　　唐代白釉鹰首执壶的存世数量屈指可数，而这件是保存相对完整的一件。此壶造型精巧奇特，以昂扬鹰首为盖，鹰嘴的自然形态作流，形象逼真。特别是对鹰嘴和眼睛的刻画，惟妙惟肖，极为传神。

银釦木胎漆碗

○ ───────────────

年代：唐
质地：漆、木、银
尺寸：高 9.2 厘米
　　　口径 14.6 厘米
　　　底径 7 厘米
收藏单位：甘肃省文物考古研究所

半臂又称半袖，是从魏晋以来上襦发展而出的一种无领（或翻领）、对襟（或套头）短外衣，它的特征是袖长及肘，身长及腰。在中国隋唐时期，半臂有对襟、套头、翻领或无领式样，袖长齐肘，身长及腰，以小带子当胸结住。因领口宽大，穿时袒露上胸。多穿在衫襦之外。半臂流行于隋代宫廷内，先为宫中内官、女史所服，唐代传至民间，历久不衰。这件半臂长96厘米。右衽，半袖状。上半部为绿地缠枝团窠凤鸟纹锦，袖口及领口为黄地麒麟纹锦，下半部为土黄色菱格纹绮，内衬黄絁，应为慕容智生前所穿常服之一。

兽面纹金腰带

年代：唐
质地：金
尺寸：高 5.3 厘米
　　　宽 5.3 厘米
收藏单位：青海藏医药文化博物馆

绿地缠枝团窠凤鸟纹锦半臂

年代：唐
质地：丝
尺寸：长 96 厘米
收藏单位：甘肃省文物考古研究所

第七单元　长安西望

镶绿松石单柄壶

年代：唐
质地：金
尺寸：通高 17.5 厘米
　　　口径 6.5 厘米
　　　底径 6.5 厘米
收藏单位：肃南裕固族自治县民族博物馆

花卉纹金杏叶

年代：唐
质地：金
尺寸：长 9.2 厘米
　　　宽 7.3 厘米
收藏单位：甘肃省博物馆

中国·唐——一个多元开放的朝代（7至10世纪）

嵌松石立凤金饰件

年代：唐
质地：金
尺寸：高 12.5 厘米
　　　宽 8.5 厘米
收藏单位：青海藏医药文化博物馆

嵌宝石金鹅饰件

年代：唐
质地：金
尺寸：高 2.6 厘米
　　　长 6.8 厘米
　　　宽 3.6 厘米
收藏单位：青海藏医药文化博物馆

嵌松石立凤金头饰，呈孔雀开屏式样，采用锤揲、镂空等工艺制作而成。表面花纹呈镂空状，其造型可分为三个部分，最上一层为缠枝卷草纹，下面为叶片状，镶嵌有不规则的绿松石，虽然有部分镶嵌物现已脱落，但饰件仍耀眼夺目。中间为一站立的凤鸟形象。身体部分饰鱼鳞纹，羽翼由金片锤揲而成，似桃形叶片对称舒展，其边缘饰镶嵌绿松石的联珠纹勾边，镶嵌物均已脱落，双足直立以金丝薄片扭搓成紧凑的螺旋状，轮廓清晰，造型别致，工艺精湛。

中国·唐——一个多元开放的朝代（7至10世纪）

鎏金化生童子银饰片

年代：唐
质地：银鎏金
尺寸：（大）高5厘米，宽12厘米
　　　（小）高2厘米，宽4.5厘米
收藏单位：青海藏医药文化博物馆

第七单元 长安西望

银鎏金花盘立凤饰片

年代：唐
质地：银鎏金
尺寸：高 19.3 厘米
　　　宽 17 厘米
收藏单位：青海藏医药文化博物馆

红地联珠对羊纹锦

年代：唐

质地：丝

尺寸：长 106 厘米
　　　宽 72 厘米

收藏单位：青海藏医药文化博物馆

红地联珠对羊纹锦，斜纹经锦，黄色地上红色、蓝色显花，图案相连的联珠团窠对羊纹为骨架，团窠外水平方向为十字花纹铺花，最底端为雉堞纹样；团窠为四组联珠，六个一组，由回字形方块相隔。团窠内一对羊相向而立，羊身形健壮，四腿修长，头部长有两只弯曲的角，颈部侧系有绶带，随风向后飘成三角形。

红地团窠联珠对孔雀纹锦

●————————————

年代：唐

质地：丝

尺寸：长 62 厘米
　　　宽 30 厘米

收藏单位：青海藏医药文化博物馆

对鹿纹锦

●————————————

年代：唐

质地：丝

尺寸：长 18 厘米
　　　宽 22.9 厘米

收藏单位：甘肃省博物馆

中国·**唐**——一个多元开放的朝代
（7至10世纪）

蓝地翼马纹锦

年代：唐
质地：丝
尺寸：残高54厘米
　　　宽31厘米
收藏单位：甘肃省博物馆

中国·唐——一个多元开放的朝代
（7至10世纪）

"都管七个国"铭套盒

年代：唐
质地：银鎏金
尺寸：通高5厘米
　　　直径7.5厘米
收藏单位：西安博物院

井真成墓志铭（复制品）

● ───────────────

年代：唐
质地：石
尺寸：边长 42 厘米
　　　厚 10 厘米
　　　盖厚 7 厘米
收藏单位：陕西历史博物馆

中国·唐——一个多元开放的朝代
（7至10世纪）

第八单元　扬帆出海

7世纪，继陆路贸易之后，海上贸易从8世纪中叶进入繁盛期，中西方贸易和文化交流进入新纪元。新产品的数量和种类不断涌现，全国各地的窑口——长沙窑、巩义窑（包括唐青花瓷）、邢窑、定窑（白瓷）和越窑（青瓷）生产的陶瓷产品，都成为这一时期海上贸易的大宗商品。道路网和大运河使这些产品得以运往海上。

扬州是当时中国国内漕运和南北物资集散中心，波斯和阿拉伯商人在此居留，货物运往亚洲各地，并通过印度洋到达波斯湾和非洲东海岸。在东南亚数艘沉船中发现的与扬州出土相似的陶瓷，是海上贸易繁荣的实证。

海上航线的繁荣，极大地促进了技术交流。唐朝生产的陶瓷有些采用了中亚和中东的金银器器型，陶瓷工匠发明的唐三彩工艺传播到埃及，都是这方面的例子。

长沙窑青釉褐斑贴花椰枣纹壶

年代：唐
质地：瓷
尺寸：高 16.2 厘米
　　　口径 8.4 厘米
　　　底径 8 厘米
收藏单位：长沙市博物馆

长沙窑青釉褐斑贴花人物纹壶

年代：唐
质地：瓷
尺寸：高 19.6 厘米
　　　腹径 16 厘米
　　　底径 14.5 厘米
收藏单位：长沙市博物馆

长沙窑青釉褐绿彩连珠山峦纹执壶

年代：唐
质地：瓷
尺寸：高 22.8 厘米
　　　口径 7.8 厘米
　　　底径 23.5 厘米
收藏单位：湖南博物院

执壶是唐代常见茶酒器。撇口，束颈，垂腹，平底。器身以褐、绿点彩的连珠纹绘抽象山峦纹，色彩明艳。褐、绿点彩组合的纹饰在长沙窑瓷器上十分常见，一般为云纹、莲花纹、山峦纹等。连珠纹主要源自波斯地毯、金银器，这是西亚民族常用的装饰纹样。装饰连珠纹图案的长沙窑瓷器，亦多为迎合西亚人民审美倾向而生产的外销瓷器，是当时中外文化交流的实物见证。

长沙窑青釉褐绿彩花卉纹碗

年代：唐
质地：瓷
尺寸：高 4 厘米
　　　口径 14.2 厘米
　　　足径 5.3 厘米
收藏单位：湖南博物院

中国·唐——一个多元开放的朝代（7至10世纪）

绿釉模印龙纹碗

年代：唐
质地：瓷
尺寸：高 4.3 厘米
　　　口径 14.6 厘米
　　　足径 6.9 厘米
收藏单位：扬州博物馆

白釉绿彩盘

年代：唐
质地：瓷
尺寸：高 4.8 厘米
　　　口径 25.6 厘米
　　　足径 12.4 厘米
收藏单位：扬州博物馆

黄釉绿彩龙首执壶

年代：唐
质地：瓷
尺寸：高 17.9 厘米
　　　口径 12.4 厘米
　　　底径 11.2 厘米
收藏单位：扬州博物馆

巩义窑青花花卉纹盘

年代：唐
质地：瓷
尺寸：高 3.3 厘米
　　　口径 14.8 厘米
　　　足径 6.9 厘米
收藏单位：扬州博物馆

中国·唐——一个多元开放的朝代（7 至 10 世纪）

越窑青釉刻划花卉纹盘

- 年代：唐
- 质地：瓷
- 尺寸：高 2.5 厘米
  - 口径 15.1 厘米
  - 足径 6.1 厘米
- 收藏单位：扬州博物馆

邢窑白釉碗

- 年代：唐
- 质地：瓷
- 尺寸：高 7.0 厘米
  - 口径 12.5 厘米
  - 足径 5.7 厘米
- 收藏单位：扬州博物馆

邢窑白釉注壶

年代：唐
质地：瓷
尺寸：高 17.3 厘米
　　　口径 7.5 厘米
　　　底径 6.4 厘米
收藏单位：扬州博物馆

中国·唐——一个多元开放的朝代
（7 至 10 世纪）

青釉短流四系壶

年代：唐
质地：瓷
尺寸：高 18.6 厘米
　　　口径 12.4 厘米
　　　腹径 27.8 厘米
收藏单位：扬州博物馆

第八单元　扬帆出海

长沙窑绿釉四系背水壶

年代：唐
质地：瓷
尺寸：高 24 厘米
　　　腹径 15.5 厘米
　　　底径 9.6 厘米
收藏单位：长沙市博物馆

青釉罐

年代：唐
质地：瓷
尺寸：高 54 厘米
　　　口径 23.5 厘米
　　　腹径 47 厘米
收藏单位：扬州博物馆

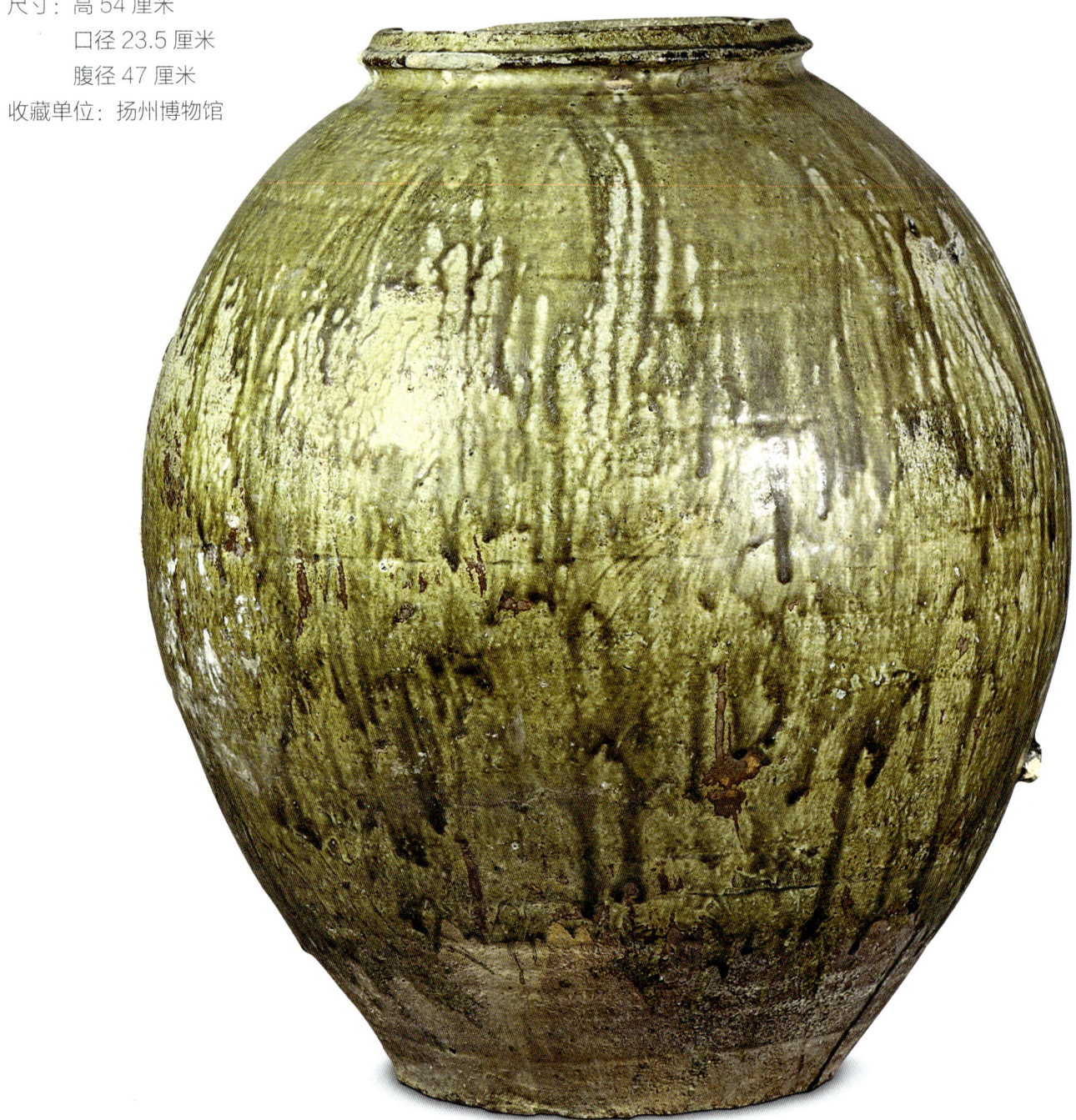

第八单元 扬帆出海

西亚绿釉双耳壶

年代：唐
质地：陶
尺寸：高 38 厘米
　　　口径 9 厘米
　　　腹径 26.3 厘米
　　　底径 10 厘米
收藏单位：扬州博物馆

结 语

但去莫复问,白云无尽时。
——王维《送别》

在中国历史广袤的苍穹中,唐代是极为璀璨的一颗星辰。详备的政治制度,完备的唐朝律法,影响后世一千多年。农业生产的发展,手工业技术的提高,人们衣食住行更加精致、多彩。文学艺术百花齐放、绚丽多彩,诗词、散文、音乐、舞蹈、书法、绘画、雕塑,成就卓然、辉耀千古。各民族间及中外交流的空前频繁,使得社会生活呈现出开放和多种文化习俗融合的时代特色。作为大一统王朝的都城,长安不仅是当时全国政治、经济和文化的中心,也是那个时代东亚文明的中心。

回望大唐,不仅有万国衣冠拜冕旒的气象,长安水边多丽人的风景,也有汇集四方俗的胸怀,持戈卫社稷的壮烈。大唐,以高度的凝聚力继承了中国古代文化的优良传统,以旺盛的吸收力融汇了外来文化的新鲜养料,以惊人的创造力造就了世界性的文化,并饱含着那个时代特有的世界精神与宏大气魄,散发着永久的文化趣味和精神魅力。

后 记

作为东西方文明的重要代表，中国和法国有着独立自主的精神共鸣、灿烂文化的彼此吸引。作为中法建交60周年暨中法文化旅游年重要项目，在国家文物局的指导下，中国文物交流中心与法国吉美国立亚洲艺术博物馆联袂举办展览"中国·唐——一个多元开放的朝代（7至10世纪）"。该展览是继2014年双方为庆祝中法建交50周年携手举办"汉风——中国汉代文物展"之后又一标志性合作成果。展览不仅是新时代两国文明交流互鉴、和合共生的生动延续，更是中法友谊在文化交流中传承发展的有力见证。

在中国历史的广袤苍穹中，唐代以辽阔疆域、开明政治、繁荣经济、璀璨文化和多元民族交融著称，是中国历史上最为繁盛的朝代之一。她全面继承和发展了中国商周秦汉以来文化的优良传统，广泛吸收和融汇了外来文化的新鲜养分，以惊人的创造力成就了影响广泛、绵延至今的盛唐文化，彰显着那个时代特有的世界精神与宏大气魄。

本次展览以中国历史上的唐代为视角，汇集了来自中国10个省（自治区、直辖市）、32家文博单位共207件/套（包括文物展品204件/套、辅助展品3件/套）馆藏精品，其中，一级文物76件/套。展览分为"走近大唐""营建都城""乐居长安""海纳百川""文人世界""技臻于美""长安西望""扬帆出海"8个篇章，围绕唐代长安从政治中枢、疆域统辖、族群人口、文化艺术、生活休闲、中外交流及宗教信仰等诸多方面，讲述了饮食饮茶、服饰风尚、乐舞百戏、女性时尚等长安居民生活状态，展现了金银器、陶瓷等制作工艺的精湛水平，呈现出文化、贸易、宗教交流融合的多彩风貌，全方位、立体化展现了盛世大唐的绝代风华。

唐代物质文明发达，精神文化繁荣，对外交流频繁，代表性的遗迹遗存丰富。此次展品涵盖极尽工巧的何家村窖藏和法门寺地宫珍宝，展现唐代时尚风俗的壁上丹青和勒铭存记的墓志，表现胡风汉俗的三彩陶俑和多元共存的宗教文物，这些精美绝伦的文物遗存，展现出大唐盛世开放包容、海纳百川的独特魅力。大唐繁华虽已成为遥远的历史，但其所展现的乐观向上、自信开放的时代精神，勇立潮头、敢于创造的奋进精神，融汇天下、择善而从的包容精神，已经深深熔铸于中华民族的血脉之中，成为中华民族的文化和精神基因，时至今日仍然启迪和激励着我们。

文明因交流而多彩，文明因互鉴而丰富。希望本次展览进一步丰富法国观众对唐代历史与文化的了解和认知，从而更好认识源远流长、博大精深的中华文明，更加深刻理解历史之中国、今日之中国和未来之中国，为中法民心相知相通搭建桥梁和纽带，以文明的力量赓续中法传统友谊。

谨向所有为此次展览付出辛勤努力的中法两国工作人员和专家学者致以崇高敬意。希望各国朋友们能够在展览中收获满满，留下美好的回忆。

谭 平
中国文物交流中心主任

"中国·唐——一个多元开放的朝代（7至10世纪）"这一宏伟展览无疑非同凡响。它既是中法文化旅游年的璀璨亮点，也是中法建交60周年庆典中的重要篇章。

　　为此，法国吉美国立亚洲艺术博物馆与中国的多家博物馆紧密协作，在国家文物局和中国文物交流中心的协调下，共同达成了这一壮丽的目标：呈现一个令人惊叹的展览，展示中华文明的瑰宝。这些文物不仅具有极高的艺术价值和历史意义，许多展品更是首次在中国以外展出。

　　唐朝是中国历史中引人入胜的时期，本次展览是对这一辉煌时代的致敬。唐朝是中国多元文化的巅峰时代，也是丝绸之路上的重要枢纽。在这个时期，艺术和文学达到了空前的繁荣。1894年，吉美博物馆刚成立不久，埃米尔·吉美（Émile Guimet）深受中国历史伟大皇帝之一的感召，撰写了五幕歌剧《太宗》的剧本。从那时起，法国公众开始认识并欣赏这一灿烂文明，而法国吉美国立亚洲艺术博物馆则通过其珍藏品，与中国建立了长期而独特的联系。

　　在数字时代，关于唐朝的电视剧和电影唤起了公众对这一历史时期的浓厚兴趣，吸引了大量观众。而本次展览及其图录则将观众带入唐朝社会的核心，揭示这座中世纪世界最大城市长安的生活场景。从日本到巴格达到拜占庭，唐朝的文化交流广泛而深远。

　　因此，这不仅仅是一场展览，更是一段沉浸式的文化旅程，让观众领略这座蓝绿辉映、世界之都的辉煌与风采。

亚尼克·林茨
法国吉美国立亚洲艺术博物馆馆长

世界的长安
——胡风唐雨吹拂的胡姆丹

葛承雍（陕西师范大学人文高等研究院　中国文化遗产研究院）

你了解世界名城长安吗？这里曾吹着千年前的唐风，飘着千年前蓝天间的白云。

长安，千年前丝绸之路上传诵着这座东方大国首都的名字，但是波斯人、阿拉伯人把长安叫做"胡姆丹"，叙利亚人叫做"克姆丹"，而拜占庭人说着古希腊语，称其为"库博丹"。尽管远方的人们并不清楚这是同一个词语的多种翻译，可是人们跟随胡商的脚步，都知道这就是中国人的国都"长安"。西安大秦景教流行中国碑上镌刻着叙利亚文"胡姆丹"，北周史君墓粟特文墓志铭文也刻着"胡姆丹"，斯坦因在敦煌长城烽燧发掘出4世纪文书粟特文也写作"胡姆丹"，文献与文物都证明"胡姆丹"作为长安的另一个名称传遍欧亚大陆。

那些从丝绸之路上跋涉而来的胡商、使节、留学生、僧侣、将军、士兵、驮夫、移民等各色人物，带着对"胡姆丹"的向往奔驰往返，他们如同穿越时空般通过长安城门，沿着朱雀大街两旁坊里街曲踏入千家百户，在东西两市聆听富豪们夜生活的喧嚣，繁华的长安充斥着胡风唐雨的魅力。

隋唐墓葬不断出土的大量精美文物，会让人们对这座历史名城充满想象力，既有文化生态孕育的诗人文客，也有来自西域的胡人、北疆的番人、南亚的黑人，置身历史当中他们不会知道为千年后的人们留下了无数的古迹珍宝。我们有幸成为观察这些文物的见证者、研究者和唤醒者。

一、唐代长安的风格就是"世界胸怀"的盛唐气象

在中国历史上，隋唐长安是世界的，尽管它是以"胡姆丹"的名称传播，却也是亚洲人受到关注的高光时刻。若从文明角度梳理这座城市的历史，会收获诸多成果和赞誉。这里奠定了中古城市建筑的格局，当时先进的建造技术构建出立体的宫殿，设计出皇家的三大殿和华清温泉别宫，皇室贵族借助城南秀丽的自然风光修建了自己的别墅园林，使人流连忘返，赞美的诗歌纷沓至来，绕梁三日。自然环境和时代际遇是长安的天然禀赋，但我们不能止于对长安城市外壳产生崇敬，更要尝试去触摸它澎湃不息的脉搏和生机盎然的内心。

7至10世纪的隋唐王朝先后定都于长安，以首都贸易取代边境贸易，吸引西域大批商队前往长安，当时为了睦邻安边和"扬威异

域"，官方大力招徕胡商，通过"互市""赏赐"等渠道大量输出或进口货物，隋代出使波斯、罽宾（今阿富汗）、摩揭陀国（今印度比哈尔西南）、史国（今乌兹别克斯坦）等地，建立了沟通数千公里的商贸路网。这种特殊的背景导致更大规模的东西交通，更使丝绸之路走向繁荣。

唐代由于西部疆域超过了汉代，在碎叶、龟兹、疏勒、于阗设立了安西四镇，为丝绸之路畅通提供了保证。强大的唐王朝十分注意国际之间的密切联系，据历史文献记载，在各国进入长安的使节中，新罗有89次，阿拉伯有39次，日本遣唐使14次，林邑（今越南南部）24次，东罗马7次，波斯、婆罗门（印度）、朝鲜、泥婆罗等不计其数，丝绸之路的联系比任何一个时期都更为广阔。考古文物证实，仅中国境内就发现波斯萨珊银币2000多枚，在长安还发现了希腊文铅饼、拜占庭（东罗马）式金币和阿拉伯文金币。这些都是丝绸之路贸易圈往来与货物交流的珍贵证明。

8世纪50年代以后，回纥继突厥之后又与唐朝进行"绢马交易"，中原丝绸随之源源不断地流入回纥，然后又经中亚粟特人之手流往西亚、拜占庭。而东罗马、大食、印度、波斯等地的玻璃、香料、药材、狮子、骏马、驯象等不断传入中国内地，陕西扶风法门寺地宫出土称为蓝色"琉璃盘"、黄色"琉璃瓶"等玻璃器均是阿拉伯伊斯兰风格的精品，是唐代中外文化交流的珍贵实物。

唐长安可谓一座"佛教之城"。日常生活、节日习俗都能看到佛教的影响。佛寺成群建设推动了城市面貌的改变，等级高、规模大、精品多的寺院遍布全城，西安地区考古发现的宗教遗址和文物表明，皇家贵族与寺庙联系密切，并带动了道教寺观的发展。世界著名的国都绝大多数同时也是宗教之都，还有着强大的辐射作用，影响到周边国家。

我们今日已很难得见唐长安的建筑，但是通过诗歌描写还能体会到曾经的辉煌。唐代诗歌名家辈出，经典名句层出不穷，文学步入巅峰。而且唐诗具有全民性，从小孩到老人都能出口成章，朗朗上口的诗歌让中国语文有了普遍的附着力，渗透到不同阶层的文化里。

作为当时的世界性大都会，李唐皇室以王朝的强大实力为支撑，得以拥有众多凝聚技艺与美学的珍宝。宫廷作坊制作的精美器具、异域的奇物异产、地方官民进奉的各类贡品，大量涌入长安，见证着当时文化交流的空前繁荣。当时的御用作坊达到极高的工艺水平，如著名的何家村窖藏、法门寺地宫、丁卯桥窖藏出土的金银器及其他珍宝，就证明了这一点。

唐人自豪于中国是礼仪之邦，认为外族是久慕华风，所以唐人的文明自信心很强。他们保护胡商贸易，开放入境居住，允许通婚联姻，推荐外族参政做官，选拔番将守疆，留学人员云集，正是这些举措展现了"天下大国"的盛唐气象，有了世界文明的交融场景。

那么，究竟什么是唐代长安风格？

那就是胡汉中国的相融相和，使得6至10世纪的中国与世界进行了全方位的沟通。这种融合不仅实现了汉族传统与外来文明的交融，而且从各类文物和文献古籍记录的文化元素中，都能看到不时闪烁着外来文化的艺术风格。作为一座国际性的城市，从朝廷到民间都能够以包容开放的心态面对新的思想，很多人愿意共情和分享新物品，他们从心理上打破了胡汉之间的壁垒与藩篱，不仅胡语番言与唐人汉语混合结合，而且文化细节处处都体现着鲜明的唐代长安风格。

二、多族群的移民侨民奠定了其世界地位

长安是一座移民城市，故乡与异乡的交融，乡音与胡音的交错，移民是其城市特质。不同地域、不同国家的移民来到长安不仅带来聚会与包容，更带来激情与活力。

魏晋以后，西域各国因战争避难、贸易经商、互通使节、传播宗教、入仕任官、各行技艺、求知留学等原因来华的人很多，从张掖、敦煌、武威到长安形成一个个迁移的侨民聚集区。如北魏以后进入长安的印度僧侣就达70余人，南朝梁慧皎撰《高僧传》记载，他们有人"生于长安，貌虽梵人，语实中国"。西安碑林博物馆里保留的一些碑刻，也记录了月支、粟特、龟兹、匈奴等移民的定居，如临潼新丰有支胡数千人，蓝田有数千粟特人在康横率领下按部落"归化"，韩城有粟特人康维摩率部众据地占关，蒲城有龟兹白氏后裔居住。因而《晋书·江统传》说"关中之人，百余万口，率其少多，戎狄居半。"其人数之多，不难想象。近年西安北郊连续考古发现北周安伽墓、史君墓、康业墓等都是中亚粟特人移民的典型实例。

唐代长安是当时东亚最大的政治、经济、文化中心，朝廷奉行兼收并蓄、开放包容的政策，据《唐六典》记载，曾有70多个国家与唐王朝往来，每年都有大批外国人到达京城，长安成为各国与各族人民共同居住的城市，具有国际化都市的性质与色彩。《资治通鉴》记载贞观四年（630年），突厥汗国颉利可汗至长安，仅突厥受降五品以上官员达百余人，入居长安者近万家，占当时长安城人口三十分之一。《资治通鉴》还记载唐代宗大历十四年（779年）"先是回纥留京师者常千人，商胡伪服而杂居者又倍之。"由于安史之乱后河西地区逐步陷于吐蕃人手中，侨居在长安的外国人无法再返回自己的国家，成为长久居住的移民，仅城内西市就常有数千人。半个世纪以来，出土的大量唐人墓志中，记录有不少外来异域人，说明了外国人在长安的活动，他们的后裔变成了具有族群意识的"汉人"一部分。

我们仅举几例：

例如中亚昭武九姓的康国（今乌兹别克斯坦撒马尔罕）人，其中最著名的是佛教华严宗的实际创始人康法藏，他自号"康藏国师"，曾与玄奘一起译经著述，地位很高。康志达，墓志记载他系康日知第四子，官至幽州衙前兵马使，不仅在长安永乐里有官舍，而且康氏家族在长安龙首乡兴台里有祖坟，是由灵武迁来的侨民。康国人入居长安或归降的康姓人特别多，康苏密、康武通、康阿达、康婆、康续等人墓志说明，他们有的入朝为高官，有的以军功授将军，有的留居长安为寓公。有些康姓侨民还冒充汉人之后裔，或与突厥人混杂一起，唐代诗人李端云："黄领康兄酒泉客，平生出入王侯宅。今朝醉卧又明朝，忽忆故乡头已白。"

安国（今乌兹别克斯坦布哈拉）人是昭武九姓中的显族，他们东迁凉州后世代侨居。隋唐时期安姓人大量入居长安，如安兴贵以军功拜右武卫大将军入京师；武德元年（618年），"舞胡"安叱奴被拜为散骑侍郎，贞观四年，安附国一家率所部5000余人入朝安置维州（今四川理县），受到唐太宗召见，封爵拜将，子孙侨居京师直到武则天时期。1956年，西安枣园出土安万通墓志铭说明"先祖本生西域安息国"，其高祖安但入朝位至摩诃萨宝，安菩墓志称"其先安国大首领"，封为唐朝定远将军，夫妻均死于长安私邸。昭陵陪葬墓中安元寿墓志，亦证明其为凉州安国后裔，曾赴西域屡立军功。又有安令节墓志铭说明其"先武威姑臧人，出自安息国王子"，后流寓长安。

米国（今塔吉克斯坦片治肯特）人在玄奘《大唐西域记》中称"弭秣贺"。唐代宪宗、穆宗两朝著名国乐师有米嘉荣和米和郎父子。太和初年，皇家教坊有米禾稼、米万槌，善于演奏婆罗门。西安出土唐故米国大首领公墓志铭云："公讳萨宝，米国人也。"米萨宝为祆教教职，天宝元年（742年）卒于长安崇化里，时年65岁。1956年西安土门又出土米继芬墓志铭记："其先西域米国人也，代为君长，家不乏贤。"永贞元年（805年），92岁的米继芬死于长安礼泉里，埋葬龙首原。其夫人也为米氏，其长子米国进任宁远将军、守京兆崇仁府折冲都尉同正；其幼子号僧惠圆，为大秦寺僧。米家居住的礼泉坊是西域侨民汇聚的里坊，建有波斯胡寺、祆祠等。

其他如何国（今乌兹别克斯坦撒马尔罕西北）人何稠，以擅长工艺技巧著称，入仕长安后为工部尚书。佛教大师僧伽生长在何国30年，侨居长安则长达半个世纪以上。何国国王第五代孙何文哲，太和四年（830年）死于长安，其两位夫人均是康国人康普金之女，其子6人皆在唐朝供职，是"汉化"深厚的侨民世家。

源出曹国（今乌兹别克斯坦撒马尔罕东北附近）入居长安的曹氏更多，西魏以后名乐工、名画家如曹婆罗门、曹僧奴、曹妙达等。唐代琵琶名手曹保、曹善才、曹纲一家三代在长安教坊中大显身手，演奏琵琶著称当世。白居易《听曹刚琵琶兼示重莲》诗云："拨拨弦弦意不同，胡啼番语两玲珑。谁能截得曹刚手，插向重莲衣袖中。"西安出土的《谯郡夫人曹明照墓志》称其"曾祖继代金河贵族，父兄归化，恭惟玉阶"，开元十一年（723年）终于居德里私第。曹明照也是从曹国移居武威一带后又入居长安的侨民。

来自穆国（今土库曼斯坦）的移民往往彰显不明，但是推测有长安梨园"坐部"善弹琵琶者的胡姓弟子"穆善才"，还有长安书商穆聿、扬州著名的眼科医生穆生、荆州名医穆昭嗣等。刘禹锡写过唱歌有名的宫中乐人穆氏，晚唐时华化很深的俳优穆刀绫，江陵蕃客穆思密善于培养水仙花。他们的身份有商贩、乐人、俳优、医生和农民等，吐鲁番阿斯塔那随葬衣物疏出土名籍中有穆钵息、穆石石、穆苟苟等。近年最引人注目的是甘肃庆城县唐代穆泰墓，他是卒于唐玄宗开元十八年（730年）的穆国入华第三代，墓中出土了16具胡人俑栩栩如生，成为展览中不可多得的丝绸之路文物精品。

比中亚人更远的波斯（今伊朗）人，从3世纪萨珊王朝兴起到5世纪，波斯与中国北朝、隋唐一直有使臣往来。642年，波斯被阿拉伯大食人占领，波斯王子卑路斯从栖身的吐火罗（阿富汗）向唐求援，高宗龙朔元年（661年）封其为波斯都督府都督，不久卑路斯亲自入朝，被授以右武卫将军，后来客死长安。长安礼泉坊波斯胡寺，即卑路斯请立，为流亡的波斯贵族集会之会馆。卑路斯儿子泥涅师召集数千波斯人，志图复国，请唐朝护送出兵至碎叶城，因道远离散，景龙元年（707年）再来长安，不久病卒，与其父同埋于长安。《册府元龟》卷九七五记载，开元十三年（725年）和十八年波斯首领穆沙诺两次到长安，"授折冲，留宿卫"，侨居不返。1980年西安东郊出土的李素墓志，记其"西国波斯人也"，他是波斯国王的外甥，天宝时期"来通国好"，后拜朝官赐姓李。另一个在唐朝做官有名的波斯人是李元谅，官至尚书左仆射、镇国军节度使，今陕西华县有德宗贞元五年的李元谅碑。中唐后，有些萨珊朝波斯灭亡后侨寓长安的王室成员和贵族子孙曾被编入神策禁军中。1955年西安发现的祆教苏谅妻马氏墓，墓志为汉文、婆罗钵文双体合璧，苏谅就是神策军中的波斯后裔，时任左神策军散兵使。

波斯人来到中国最多的还是商人。唐代诗文和《太平广记》等文献中对波斯商人有很多生动的记述。长安西市有"波斯邸"。穆宗长庆四年（824年）波斯大商贾李苏沙向皇家进贡沉香亭子材，被皇帝重赏钱绢。在长安布政坊、礼泉坊、普宁坊、恭靖坊、崇化坊均建有祆祠，祆教是波斯国教，这么多祆祠充分反映出波斯文化对长安地区的广泛影响。

唐高宗永徽二年（651年）唐朝与阿拉伯

大食国开始建立联系，此后一个半世纪中，大批阿拉伯商人来到中国"住唐"贸易，他们在唐长安以经营珠宝和鉴别珠宝而闻名。中唐以后，侨居的大食人还参加科举，钱易《南部新书》说："大中（847-859年）以来，礼部放榜，岁取三二人姓氏稀僻者，谓之色目人，亦谓之榜花。"其中以进士登科的大食国人李彦昇最为著名，他是侨居中国完全汉化的阿拉伯人。据考证，还有一些援助唐朝镇压安史之乱的大食军队以及回纥人，同时留居在长安周围，没有回国。

除上述国家有大批侨民居住在长安及周围地区外，还有一些国家的贵族、商人等也侨居在此。天宝七载（748年），勃律（今克什米尔北境印度河流域）国王苏失利芝及三藏大德僧伽罗密多来长安，被赐金袍金带，留宿卫给官宅侨居。第二年，护密（今巴基斯坦白沙瓦）国王罗真檀来朝，授左武卫将军，侨居长安。据说当时长安人口中侨民人数就达5万人之多。西安地区北朝隋唐墓葬中出土的深目高鼻、满脸胡须或穿胡服、戴胡帽的外国人陶俑比比皆是，甚至还有一些以东南亚人为原型创作的"卷发黑身"陶俑，这些都为长安外国侨民居住和中外文化交流提供了珍贵的实物例证，也是其他区域比较罕见的文化特色。所以对长安的研究与回顾，值得我们进一步探讨这个城市的支撑能力、人居环境、生活保障、公共服务、移民聚落等，才能真正理解长安对文明的辐射力。

三、文化交流的涵容奠定了其在世界的定位

在东西方文化交流下的长安，从风俗影响上看，也风行着异域胡人和其他国家的服饰饮食、歌舞杂技、宗教信仰等文化，甚至连胡床、胡帐、胡坐等都对长安人产生很大影响。从西汉到隋唐，各国的特产源源不断输进长安地区。大宛国献汗血马，大秦国贡花蹄牛，月氏国进返魂香，身毒国（古印度）献连环羁，黄支国运犀牛，弱水国献香料，波斯国送玻璃，大食国输沉香，西海国献胶裘，条支国运鸵鸟，黎轩国进眩人（称幻人的魔术师），都卢人表演缘竿杂技等。长安的西域风尚遍及许多领域。

在建筑上，宫室宅第采用西亚风格和建筑材料，有唐玄宗模仿拜占庭引水上屋、悬飞流如瀑的凉殿，"座后水激扇车，风猎衣襟"，"四隅积水成帘飞洒"。太平坊王鉷私宅中建自雨亭，夏天檐上飞流四注，凉爽得凛若高秋。杨国忠用沉香、檀香、麝香和乳香"筛土和为泥饰壁"，建造类似西亚的"四香阁"。唐中宗时宰相宗楚客造新宅，以文柏为梁，沉香和红粉以泥壁。唐代宗时宰相元载造芸辉堂，用于阗芸辉香草捣碎泥墙。这些私宅建筑无疑吸取了西方外域宫殿以黄金为地、象牙为门扇、香木为栋梁的建造方法。

在服饰上，长安受西域风气感染极深，贞观初年的胡帽、羃纱仿自波斯人的缯帛大帔，永徽年间的帷帽来自吐谷浑的长裙缯帽

和吐火罗的长裙帽，开元天宝时期露髻浅帽和"女着男装"更是尊卑难分、胡汉难辨。仿自印度的女子披肩巾，沿袭中亚各国的翻领折襟衫，流行回鹘装的小腰身和出自吐蕃的面赭、髻堆，都在长安不同时期风行流传。现在西安出土的陶俑、壁画都清楚显示了唐代士庶好衣胡服胡帽的风貌，特别是女性大胆的服饰是中国唐代开放的标志。

在饮食上，开元以后"贵人御馔，尽供胡食"。平康坊的姜果店，长兴坊的饆饠店，升平坊的胡饼铺等都非常著名。"饆饠"是中亚、印度等地盛行的抓饭。"胡饼"外沾芝麻内包馅。"烧饼"则用羊肉、葱白、豉汁和盐熬炙而成。"搭纳"，即油酥饼。《唐语林》卷六说："时豪家食饮，起羊肉一斤，层布于巨胡饼，隔中以椒、豉，润以酥，入炉迫之，候肉半熟食之，呼为古楼子。"此外，于阗烤全羊，回纥"腩"（烤肉片）等西域风俗饮食都传入了长安；高昌的葡萄酒、波斯的三勒浆、西域龙膏酒等均受到人们的欢迎，餐桌上散发着浓浓的胡味。

在绘画上，侨居长安的于阗画家尉迟跋质那、尉迟乙僧父子，是隋代作为"质子"到内地的，他们和康国画家康萨陀一起将印度的凹凸画法传入中原，用铁线细描和重视设色的表现技法，发挥了西域画风的特色。唐代大画家吴道子、卢棱伽等都受此画法影响，对中国画风的变革起着深刻的作用。从现在西安出土的艺术品来看，如忍冬纹镜、海马葡萄镜、石榴荷叶纹琉璃盘、镶金玛瑙牛首杯、舞马衔杯仿皮囊式银壶等，都具有鲜明的西域风格装饰图案，说明外来艺术的渗入非常普遍。

在乐舞上，隋唐广泛吸收西域各国和西北少数民族的音乐，"十部乐"中西凉、天竺、龟兹、安国、疏勒、高昌、康国等音乐占了大多数。许多乐器系从波斯、印度和埃及等传来，筚篥、五弦琵琶、箜篌、横笛、金钲、胡笳、羯鼓等都起源于西域。在长安的胡乐名家多是西域人，来自西方的拂菻、柘枝、胡旋、胡腾、阿辽等舞蹈，分为健舞、软舞等多种，连演出都是"肌肤如玉鼻如锥"的石国、康国、米国、安国等国的舞蹈家。中亚诸国多次进献胡旋舞女，每每在长安引起轰动。

在体育娱乐上，源自波斯的泼寒胡戏经常出现在长安街头，跳舞乞寒者裸体跣足，挥水投泥，互相嬉戏，连唐中宗也率百官到街坊观看。波斯传来的波罗球戏是一种马上击球运动，连许多皇帝都是打球名手，长安城四处争筑球场，皇家禁军、文人学士也均以鞠杖击球为能。每年正月十五，长安居民在灯轮下踏歌三夜，男女尽情欢庆，竖立的彩灯达五万盏，火树银花也是按西域格调布置和制造的。

在宗教上，自魏晋南北朝以来，西域各国的僧侣源源不断进入秦陇地区，长安集中了许多的印度高僧大师，译经、传教、研究经典的外国僧侣极多，仅印度僧侣名字见于记载者就达100多人；入唐求法的新罗、日本、骠国（今缅甸）僧侣也十分频繁。由于唐政府兼容并蓄的政策，使得祆教、摩尼教、景教等也传入秦陇及长安。景教传教士为唐朝政府做了很多慈善工作，受到皇帝青睐，竖立的大秦景教流行中国碑成为世界四大名碑之一。唐朝著名书法家颜真卿在京城任官时，常与康国胡人交往，受祆教信仰影响，他的儿子起名叫"穆护"。

在科技上，长安也输入了大量的印度、阿拉伯和拜占庭科学知识。唐朝前期天文学各派争鸣，其中就有印度天文学家参加，侨居长安的迦叶、瞿昙、俱摩罗三个家族中，世代服务于司天台，长期任司天监，当时用天竺历改进的朔法，运用极广，一直到唐晚期仍是中国天文学家参考的蓝本。来华的高僧又大都兼通医术，印度术士为唐太宗造药，拜占庭景教士为唐高宗治疗眼疾。南亚等国均多次进献本国药物，西亚波斯和阿拉伯人还将自己国家的贵重药物贩运到长安市场上寻找买主。1970年西安南郊何家村唐邠王府出土的药物、药具中，就有上乳、明砂、珊瑚、琥珀等外来药品。

最近西安唐代西市遗址上又发掘出大块玻璃母料，证明西市有制造玻璃器皿的作坊，究竟是外国技师还是中国工匠在此制作，我们无法确知，但是说明玻璃器并不全是从西方进口来的，长安也在吸收外来工艺的基础上有着自己的生产。特别是唐开元年间武惠妃石椁上的"勇士与神兽"主题线刻画，充分说明古希腊文明的"拂菻风"曾在长安流行一时。

历史文献和出土文物都证明，10世纪以前的汉唐长安是东西方古代文明交流的桥梁和荟萃点，长安更是当时一个国际性的大城市。特别是6至9世纪的唐朝曾吸引了邻近民族和各国人士蜂拥而至，不单是它具有各国交流的开放性，更重要的是它具有文明的先进性，即物质生活的富裕、典章制度的完善、中央朝廷的权威、宗教理性的宽容、文学艺术的繁荣、科学技术的领先，甚至包括服式发型的新潮，所以它能形成国际化的特性，积淀下蔚为壮观的文明，影响和推动着周边各国和各民族的社会文化发展。

从长安出发，沿着河西走廊、青海道、天山廊道到中亚阿姆河廊道，进入波斯高原直抵地中海沿岸，几大文明密布丝绸之路的路网，有许多鲜活的历史故事值得叙述。从大历史角度理解大时代物质文明，对我们今天联系世界不同文明的纽带，共同为人类发展进步作出贡献，具有深远的意义。●

唐长安城的建设与规划布局

龚国强（中国社会科学院考古研究所）

隋唐长安城是中世纪时期规模最大、人口达百万的东方国际大都市，其规模宏大、规整有序的城市格局独树一帜，对同时期周边国家、地区乃至后来宋元明清时期的城市，特别是都城都产生了重要而又深刻的影响，堪称中国古代都城的典范、中国古代城市建筑的巅峰之作、世界古代城市的奇迹。

隋唐长安城遗址位于今陕西省西安市市区。自20世纪初至今，对城址持续开展的考古工作，积累了丰富的实物资料，可与有关史料记载（包括唐诗、小说、石刻资料等）相互补充和参证，为复原唐长安城的规划布局提供了坚实可靠的依据。

一、唐长安城的建设过程

618年，隋朝灭亡，唐朝（618-907年）建立，沿用了隋都大兴城作为新朝的都城，改名为"长安"，直至唐朝末年。故此，凡讨论唐长安城的建设过程，必先从隋大兴城开始。

（一）隋大兴城的规划、创建

581年，隋朝建立。次年（582年）六月，隋朝开国皇帝隋文帝杨坚下诏，令在暂居的北朝都城长安城东南20里之处的原地上始建新都，程序是"先筑宫城，次筑皇城亦曰子城，次筑外郭城"[1]。第二年三月，一座空前规模的新城初展雄姿，被正式启用，命名为"大兴城"。

隋大业九年（613年），隋炀帝杨广征用了10万劳力，在宫城和皇城以外继续修造外郭城，城市总体格局至此基本形成。

隋大兴城的形制是经过了周详的城市规划、持续的建设才得以形成的。尽管当时没有遗留规划图纸、建设方案，但我们根据史料中的零星片语，结合考古勘查发掘资料，仍可概略出隋大兴城在规划方面的一些主要特点。

1. 创建都城时，为表示天授皇权，隋文帝诏令根据天文星象来选择确定宫城、皇城、外郭城的次序位置。即紫薇垣方位设立宫城，太微垣方位设置百官衙署，而天市垣方位处则为外郭城百姓所居之处[2]。而将中

---

[1] （元）骆天骧：《类编长安志》卷二，隋大兴城。

[2] （清）董诰：《全唐文》卷七百四十李庚《两都赋并序》。

央官府部门集中于皇城之中，与居民房屋、市场建筑等进行分离，实在是值得称誉的隋代都城创新之举。

2. 《周礼·考工记》为春秋晚期齐国的官书，总结了西周（前11世纪至前771年）王城的营国（"国"指都城）礼制[①]，是中国历代都城建设的范本。隋大兴城也不例外，在城市形状、城门设置、街道路网、礼制建筑等格局配置方面基本上遵循了周礼的要求。

3. 在宫城为中心、三重城圈（外郭城、内城、宫城）、中轴对称、里坊市场、街道路网等方面，隋大兴城显然借鉴了北魏（386-534年）洛阳城、东魏北齐（534-577年）邺城的都城规划理念[②]。

4. 近几十年来，中国学者根据城址的实测数据，结合文献记载，对隋大兴城的规划作了大量的研究，尽管具体观点各有差别，但均认为当时的规划团队应用了模数制的控制方法来进行城市的布局设计[③]。

5. 隋大兴城中横贯有六条天然的黄土高岗，规划团队运用《周易》乾卦理论，依次在第二道、第三道、第五道高岗上布置了宫城、皇城、宗教寺观等重要建筑[④]，巧妙地化解了地理方面的不利因素，增强了城市的立体空间之感。皇城的设置、官民的有序区分可谓是隋大兴城的创新之举。

6. 在具体的规划细节上，大兴城还应用了阴阳五行思想中的"厌胜"方术，例如皇城南面的四排里坊与其他里坊有所不同，只开东西门，不开南北门，原因是防止泄漏王气[⑤]；京城东南隅地势较高，故有意缺设一处里坊，而凿之为池，以厌胜之[⑥]。

（二）唐长安城的改扩建

唐朝确立以后，虽然沿用了隋大兴城[⑦]，但还是根据实际需要进行了多次的修建、改建和增建。（1）增建大明宫。唐朝建立后，宫城沿用的是隋朝的大兴宫，改名

---

① 《周礼》卷十二，冬官，考工记下。

② 陈寅恪著：《陈寅恪集：隋唐制度渊源略论稿、唐代政治史述论稿》二、礼仪，附都城建筑，生活、读书、新知三联书店，2011年。

③ 傅熹年：《隋唐长安洛阳规划手法的探讨》，《文物》1995年第3期。
王树声：《隋唐长安城规划手法探析》，《城市规划》2009年第33卷第6期。
陈筱：《隋唐长安设计模数新释》，《城市规划》2017年第10期。

④ 李令福：《隋唐长安城六爻地形及其对城市建设的影响》，《陕西师范大学学报（哲学社会科学版）》2010年第7期。

⑤ （宋）宋敏求：《长安志》卷七，唐京城。

⑥ （南宋）程大昌：《雍录》卷六，唐曲江。

⑦ （南宋）程大昌：《雍录》卷一，龙首山龙首原。

太极宫。至贞观八年（634年），唐太宗为表示孝道、方便其父唐高祖李渊养老，便拟在郭城之外东北的龙首原上新建大明宫。但开工不久，因高祖驾崩工程只得停止。后唐高宗继位，对大明宫进行了大规模扩建，并在龙朔二年（662年）正式启用，替代太极宫而作为唐朝的正宫所在。（2）唐高宗永徽五年（654年），下令修建郭城城墙并在东、西、南三面城墙的九处城门之上修建高大的楼观。（3）盛唐玄宗开元二年（714年），将郭城东南隆庆坊的藩第改扩成兴庆宫，后又取邻近的永嘉坊、胜业坊的局部进行扩大①。（4）开元、天宝年间（713-756年）增建了兴庆宫北往大明宫、南到曲江和芙蓉园风景区的外郭城东夹墙，开凿了入城的黄渠、漕渠。（5）唐宪宗元和十二年（817年），在西北郭城修建了通往兴福寺的北夹城。

在中晚唐时期，唐长安城曾遭到多次战争劫难，受到了严重的破坏：首先是安史之乱（755-763年）爆发，叛军入城进行了大规模的破坏；763年吐蕃军侵扰了长安城半个月；黄巢农民军攻入并占领了长安（880-883年）；天祐元年（904年），唐昭宗被军阀挟持，迁都洛阳，长安宫室被毁；同年，唐长安城被驻守的军阀韩建进行改缩，外郭城和宫城被废弃，仅保留了皇城部分。至此，使用了322年的隋唐长安城遂失去都城地位，衰落为普通的城市。后至明代（1368-1644年）时，又在唐皇城基础上略为扩建，加筑了砖墙。此为明清至今的西安老城部分。

二、唐长安城的布局

根据考古调查和实测资料，唐长安城的基本形制是：坐北朝南，平面形状呈长方形，东西长9721米，南北宽8651.7米，面积达87.5平方公里，其规模空前宏大。布局上分宫城、皇城、外郭城三大部分。宫城、皇城居于全城的中间偏北，北南相邻，面积分别为4.2平方公里、5.2平方公里。外郭城面积最为宽广，从东、南、西三边围护着宫城、皇城。外郭城墙之外，周有城壕。城墙、坊墙、建筑基础主要由黄土夯筑而成，仅在城门、宫殿基础、寺观等建筑部位采用了砖瓦石块等建材②。

除了这些基本形制以外，唐长安城的重

---

① （清）徐松：《唐两京城坊考》卷一，兴庆宫。
② 陕西省文物管理委员会：《唐长安城地基初步探测》，《考古学报》1958年第3期。
中国科学院考古研究所西安唐城发掘队：《唐代长安城考古纪略》，《考古》1963年第11期。
胡海帆：《北京大学图书馆藏吕大防＜长安图＞残石拓本的初步研究》，《唐研究》第二十一卷，北京大学出版社，2015年。
宿白：《隋唐长安城和洛阳城》，《考古》1978年第6期。
马得志：《唐代长安与洛阳》，《考古》1982年第6期。

要布局特点还可强调如下：

1. 突出中轴对称。 整个都城以居中的朱雀大街为中轴线，而东西两边街道、建筑设置对称均齐。朱雀大街东西宽达155米，南起城市正南门明德门，北至皇城正南门的朱雀门，向北通过皇城中间街道，直对宫城正南门承天门。另外城内通向各城门的六条街道为城市的主干道，号称"六街"。

朱雀大街东西两边各设一县，东为万年县，西为长安县，县廨设于坊内，东西对称。

另外，还在城市居中对称之处，各设有一处大型贸易市场，号称东市、西市，面积各居两坊之地，约0.78平方公里。周有围墙，周墙中间各设一门。市内呈九宫格局，除管理机构之外，店铺鳞次栉比，国内外二百二十行货物珍品应有尽有①。

2. 街道里坊呈现棋盘型/网格状的格局。 外郭城占城市面积的近89%，主要分布着居民里坊、交通街巷。里坊是城中的长方形或方形的居民区，四周筑有围墙，围墙上开设有四个或两个坊门，晨开暮闭，目的是进行封闭式管理，保证社会治安②。坊内分布有官员贵族宅第、平民房屋、宗教寺观等，间以大小十字街巷分割。

里坊大小有别。皇城、宫城东西两侧

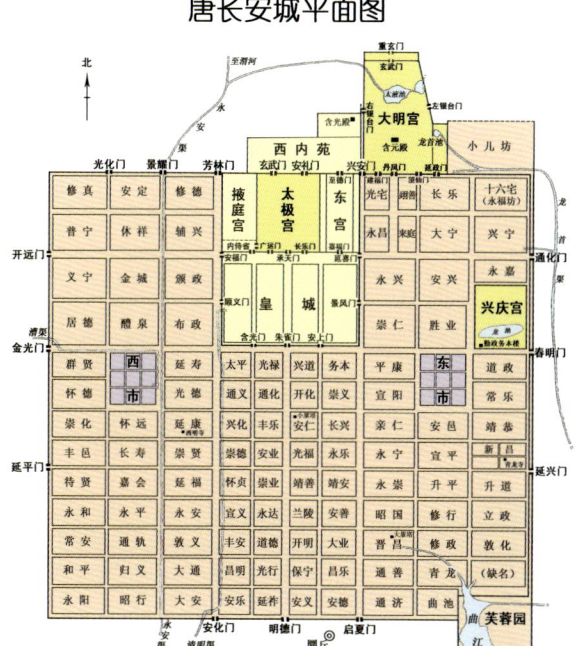

唐长安城平面图

的长方形里坊面积最大，其南面的长方形里坊面积其次，而皇城正南面的里坊则呈方形，面积最小。里坊的数量也略有变化，隋及唐初共有108个里坊，唐高宗后变增为110个，开元年间又减为109坊，以后未再改变③。唐代著名诗人白居易有诗句赞之："百千家似围棋局，十二街如种菜畦。"

唐长安城中里坊分布排列十分讲究：城中东西十三列里坊，象征十二个月加闰月；皇城南面四列里坊象征四季，其纵列九排坊则象征《周礼》王城的九逵之制④。

---

① （宋）宋敏求：《长安志》卷八，唐京城二。
② （元）骆天骧：《类编长安志》卷二，城制度。
③ 史念海：《最早建置都城的构思及其影响》，《中国历史地理论丛》1997年第4期。
④ （宋）宋敏求：《长安志》卷七，唐京城。

圜丘遗址考古发掘场景鸟瞰

3. 三宫并立格局形成。唐初唐高祖、太宗时以太极宫为正宫；唐太宗始建、高宗扩建而成大明宫，使之成为高宗以后唐朝皇帝处理朝政的正宫，面积达 3.3 平方公里，规模宏大，气派辉煌，唐朝 21 个皇帝中有 17 位皇帝曾在此居住和处理朝政；兴庆宫是唐玄宗一代皇帝的宫城，是由郭城东南部的一处里坊藩第改扩建而成的，坐东朝西，内部布局不同寻常，面积为 134.4 万平方米。三宫并立的局面，打破了以往单一宫城的都城格局，反映了强烈的皇权至上的政治思想。

这三处不同时期使用的宫殿，分布于城市的北部、东北部和东部，导致城市政治、文化、生活等重心向东城偏移。特别在盛唐及中晚唐时期，许多达官贵人宅第、地方驻京办事机构、文化娱乐场所等主要集中于城市东部①。

4. 皇城的集中使用。隋朝始设皇城，唐代沿用其成。皇城是宗庙社稷、中央各大行政部门（例如尚书省、中书省、门下省等三省六部以及御史台、鸿胪寺等机构）的集中办公区域②。皇城的东、西、南三面筑有城墙、7 座城门，北面以宽阔的横街与宫城相隔。

5. 皇朝礼制建筑系统配置。皇朝礼制关乎政权的正统性、连续性，故礼制建筑从来都是中国古代都市的必配、标配。在城内皇城东南隅设太庙，西南隅置社稷，符合周礼"左祖右社"的礼制要求。而城外南郊、东郊、西郊、北郊建立的圜丘（天坛）、方丘（地坛）、先农坛、日坛、月坛等配套的礼制建筑，是皇帝及大臣们定时外出进行天地日月诸神祭祀活动的重要场所。

6. 宗教寺观星罗棋布。城内各里坊之中散布有数量众多的佛寺、道观、祆祠、摩尼教寺、景教寺等。这些寺观大小不一，大

---

① 王仲殊：《论唐长安城与日本平城京及平安京何故皆以东半城（左京）为更繁荣》，《考古》2002 年第 11 期。
② （宋）宋敏求：《长安志》卷七，唐皇城。

大明宫国家考古遗址公园卫星图

寺、名寺往往占据半坊或四分之一坊，而小者则仅有一殿一屋而已。分布上或一坊数寺，或一坊一寺，有些偏远的里坊甚至毫无寺院建立①。包括胡商在内的大量外来人口，主要居住在西市周边，故其宗教寺院也多集中在附近。如《两京新记》中记载，唐长安城中的祆祠有5座，其中有4座集中在西市周边②。寺庙的建筑数量，官方有着额度上的控制。如隋文帝初建新都时，就在朝堂颁布了100块寺庙的额匾③。唐代时也大致遵循了这一规定，数量仅超出30余所。

7. 城市供排水系统较为完善。都城建设之初，规划者就考虑到该城南高北低、城中横亘数道高岗、周围八条河流分布的地理特点，分别从城东、城南、城西开凿了龙首渠、永安渠、清明渠等几条引水渠道入城。盛唐时期，又加凿了漕渠、黄渠，完善了城市供水体系。这些都是以前都城规划所不及的。除了这些，城中还开凿了许许多多的水井。长安城各街道旁，都设有整齐并连通的排水沟，沟一般宽3米，深2米多，有效地解决了城市的排水问题。

8. 城北配置了大规模的皇家禁苑。唐长安城之北、渭河之南分布有大规模的皇家苑囿，包括禁苑、西内苑、东内苑三苑。苑囿周围有夯筑围墙并设有苑门。苑内分布有宫殿、亭台楼阁、池苑等建筑。禁苑既是皇家园林、动植物园，也是狩猎、骑马划船等游乐场所，还是驻扎禁卫军、紧急避难等重要的防卫空间。唐朝发生的数次重大政治事件的成功处理都与有效控制了禁苑有关④。

结 语

如上所述，唐长安城继承了隋大兴城的规划布局之成，并对之进行了重要的改扩建：三宫并列、城市重心东移、增加外郭城墙的夹城、改变里坊街道和寺院的数量、增加供水渠道等，使唐长安城从隋大兴城的84平方公里的原有面积，扩大至87.5平方公里，成为空前宏大的国际性大都市。中国学界为简便惯例，一般把隋大兴城、唐长安城合称为"隋唐长安城"。

岁月如梭，沧海桑田。唐长安城废毁已历千余年之久，城址早已湮埋于现今西安城市地下。但尽管如此，唐长安城址还是遗留下了许多遗迹、遗物，昭示着这座古都名城曾经的辉煌。著名的慈恩寺、荐福寺的两座

---

① 龚国强：《隋唐长安城佛寺研究》，文物出版社，2006年。
② （唐）韦述、（唐）杜宝撰，辛德勇辑校：《两京新记辑校·大业杂记辑校》两京新记辑校卷二京城，中华书局，2020年。
③ （唐）韦述：《两京新记》颁政坊建法尼寺条。
④ 张永禄：《唐都长安》第七章，三苑，陕西出版集团三秦出版社，2010年。

砖砌佛塔，历经千年风雨，至今仍高高矗立着。唐长安城最宏大、最重要的政治中枢大明宫，其遗址经过60余年的考古工作，已经被开辟成为国家考古遗址公园，并被联合国列为世界遗产。

创造出盛世华章的唐长安城虽然已成历史，但其宏大的气势、严整的格局、开放的经济文化、辉煌的生活却是永远不朽的。●

保留至今的唐慈恩寺塔（大雁塔）

唐荐福寺密檐砖塔

唐代的对外交往与陶瓷贸易

秦大树（浙江大学城市学院考古系　北京大学考古文博学院）

唐朝前期国力强盛，经由陆上丝绸之路，唐朝与西方诸多国家和地区往来频繁，主要表现为贡赐与互市。在东西之间的官、私交易活动中，粟特人扮演了重要的角色，其以擅长经商而著称。他们聚居地分布和经商路线大体延续了隋代裴矩所著《西域图记》内所载陆行路线，此书记载了从敦煌西行到"西海"[①]的北、中、南三条道路[②]，覆盖了从河西走廊，通过南北疆到中亚，再到西亚中东的广大地区，构成了陆路的贸易网络。隋代到盛唐以前粟特商人主导的贸易，主要的商品是丝绸等较轻的物品和金属、玻璃等珍贵的物品，陶瓷器很少经由丝绸之路运往西域[③]。

大规模的海上贸易大约始于8世纪末，在晚唐时期（9世纪）得到了迅速的发展，10世纪的五代到北宋初期从规模和销售范围方面达到了第一个高峰阶段[④]，其中陶瓷器为最大宗货物。851年佚名作者编订的《中国印度见闻录》，记载了来自西亚的商人苏莱曼在贸易港广州对精美的中国瓷器的赞誉："中国人持有白色黏土制作的碗，它像玻璃一样美丽，可以看见里面所盛的液体。"[⑤]

西安玉祥门外隋大业四年（608年）李静训墓出土玻璃瓶

---

① 学界认为《西域图记》中所记的"西海"即今印度洋。参见梁海萍：《汉魏史籍中调制国所临"西海"释证》，《西安电子科技大学学报（社会科学版）》，2007年，第155页。

② （唐）魏徵等：《隋书》卷六七《裴矩传》，北京：中华书局，1973年，第1579-1580页。

③ 齐东方：《唐代考古所见的外来影响》，载许倬云、张忠培主编：《中国考古学的跨世纪反思》，香港：商务印书馆，1999年，第508-528页。

④ 秦大树：《中国古代陶瓷外销的第一个高峰——9~10世纪陶瓷外销的规模和特点》，《故宫博物院院刊》2013年第5期，第32-49页。

⑤ Al-Sīrāfī, Abū Zayd Hasan ibn Yazīd, *Relation de la Chine et de l'Inde*, traduit et edité par Jean Sauvaget, Paris, Belles Lettres, 1948.

苏莱曼在中国的游历地域主要是广州,他在书中记载:"(从中国运到巴士拉(Basra)与巴格达的)商货很少。(在阿拉伯境内)这商货之输入之所以不能占主要地位者,是因为汉府(Hanfu,即广州)常有火灾(往往把预备出口的商货都烧去了),汉府城是(中外)商船所停集的港口,也是中国商货和阿拉伯商货所荟萃的地方。"①因此,苏莱曼所描述的瓷碗,很可能是他在广州见到的准备销往国外的器物。

晚唐地理学家贾耽(730-805年)所著的《皇华四达记》详细记载了对外交通路线。他在此书中记述了当时由唐朝境内四出的7条道路,其中"登州海行入高丽渤海道"与"广州通海夷道"是反映唐朝海上交通的最重要的资料。后者记载了广州出发,经中国南海,过马六甲海峡,到波斯湾的详细路线,最终到达巴格达②。这条路线称为海东岸,贾耽还记载了一条航程,大约从今天东非到波斯湾与前述的航程汇合,称为海西岸。经过考古工作,在贾耽所记载的航路沿线的重要遗址以及线路以外的东亚日本都发现了相当数量的9世纪中国外销瓷器,远端的地点可达坦桑尼亚桑给巴尔岛的温古贾－库

肯尼亚上加遗址出土唐代长沙窑瓷片

泰国帕侬苏琳沉船出水的广东产储物罐

(Unguja ukuu)遗址③。

随着水下考古工作的发展,近些年还发现了数艘9世纪前后的沉船。目前发现最早的沉船是泰国沙没沙空省(Samut Sakhon)塔钦河河道中发现的帕侬苏琳沉船(The Phanom-Surin Shipwreck),其时代是8世纪的中后期。出水较多外销陶瓷器的最早沉船是发现于爪哇海的黑石号沉船(Batu Hitam Wreck),时代为唐代宝历二年(826年)④,此外还有越南南部胡志明市附近发现的巴地

---

① (阿拉伯)苏莱曼著,刘半农、刘小慧译:《苏莱曼东游记》,华文出版社,2016年,第17页。
② (宋)欧阳修 宋祁:《新唐书》卷四三《地理志》七下,北京:中华书局,1975年,第1153页。
③ Clark C. M., "Archaeological Survey of Zanzibar", *Azania* Vol. 20, p. 169. 1985.
④ 谢明良:《记黑石号(Batu Hitam)沉船中的中国瓷器》,《美术史研究集刊》第13期,2002年,第1－60页;KRAHL, R., GUY, J., RABY, J., WILSON, K., *Shipwrecked: Tang Treasures and Monsoon Winds*, Washington, D.C., Arthur M. Sackler Gallery, Smithsonian Institution, 2010.

北京大学藏越南巴地市沉船出水唐绿釉印花菱形花叶纹委角方盘　　新州沉船出水部分中国瓷器　　印度尼西亚黑石号沉船出水的长沙窑瓷器

市沉船①，时代为9世纪中叶，以及在越南中部发现的时代为9世纪后半叶的新州沉船②。

黑石号沉船提供了丰富的资料，出水了57500余件长沙窑瓷器，800余件北方地区的白瓷器，200余件越窑青瓷和1590多件广东地区产青瓷器。这些瓷器正好代表中国早期海上贸易的"四组合"。然而在长沙窑兴起之前的8世纪后半叶，中国的瓷器就已经开始作为商品销往域外了。根据考古发现，最早外销的瓷器品种是巩义窑的产品，以白瓷、三彩、白釉绿彩和低温单色釉器物为主。根据发掘资料的三彩分期研究，盛唐时期的巩义窑瓷器在海外较少见，特别是西亚中东地区几乎不见，仅在东亚地区有所发现。最早的对外贸易，很大成分带有官方推动的性质。陕西省泾阳县发现的杨良瑶神道碑上，记载了宦官杨良瑶③于785年奉敕出使黑衣大食（阿巴斯王朝，

---

① 秦大树、王筱昕、李含笑：《越南发现的巴地市沉船初议》，《海洋史研究》，第十七辑，北京：中国社会科学出版社，2021年，第361—380页。

② Nishino Noriko, Aoyama Toru, Kimura Jun, Nogami Takenori, Le Thi Lien, Nishimura Masanari's Study of the Earliest Known Shipwreck Found in Vietnam, *Asian review of world histories*, No. 5, 2017, pp. 106–122. Do Truong Giang, *Diplomacy, Trade and Networks: Champa in the Asian Commercial Context (7th-10th Centuries)*, Special Issues: The Sea Beyond all Borders: The Link between Southeast Asian Countries, Moussons, Vol. 27, 2016, pp. 59-82.

③ 张世民：《杨良瑶：中国最早航海下西洋的外交使节》，《咸阳师范学院学报》2005年第3期。

黑石号沉船出水邢窑白瓷杯

是巩义窑的产品。因此，我们将从盛唐时期到中晚唐时期的三彩器列入最早的海上贸易瓷器品种，销售的区域包括了东亚的朝鲜半岛和日本[③]，以及西亚、中东地区。9世纪以后，中国瓷器的外销规模逐渐扩大，从东亚的日本、东南亚地区发现的黑石号沉船，到西亚，乃至东非的肯尼亚和坦桑

日本奈良大安寺町大安寺遗址出土唐三彩枕残片

Abbasid）的事件[①]，印证了贾耽记载的海行路线是与官方的对外交往相关的。

有关8世纪末中国瓷器销往西亚、中东地区，最引人瞩目的是波斯文献《贝伊哈奇史》所记载哈里发哈伦·拉施德（Harun al-Rashid）在位期间（786-809年），呼罗珊总督阿里·本·艾萨（'Ali b.'Isa b. Mahan）向哈里发进献礼物的事件[②]。在进献的礼品中提到有2200件中国瓷器，并有"200件中国生产的官用瓷器（chini faghfuri），包括大盘、杯等种类，均制作精良。"根据当前的考古资料，这些瓷器可能大部分

意大利法恩莎国际陶瓷博物馆藏传出土于埃及福斯塔特遗址的唐三彩盘残片

---

① 荣新江：《唐朝与黑衣大食关系史新证——记贞元初年杨良瑶的聘使大食》，《文史》2012年第3期，第231-243页；及同氏著：《唐朝海上丝绸之路的壮举：再论杨良瑶的聘使大食》，《新丝路学刊》，2019年第3期，第1-14页。

② Abu'l-Fazl Bayhaqi, Translated by C. E. Bosworth, *The history of Beyhaqi* volume II, Boston, Ilex Foundation, 2011。由波斯历史学家 Abul-Fazl Bayhaqi 于11世纪前后撰写。

③ 朝鲜半岛尽管与唐朝陆路相连，但在唐代陆路有渤海国阻隔，并不畅达。而《皇华四达记》所记的"登州海行如高丽渤海道"东向近海航线可能是中原地区与朝鲜半岛乃至日本贸易的主要通道。

印度尼西亚968年井里汶沉船出水越窑青瓷

印度尼西亚黑石号沉船出水巩义窑白釉绿彩瓷器

尼亚都发现了这个时期的中国瓷器[①]。

中晚唐时期，输出产品的窑口很广泛，包括了南北方许多重要的陶瓷生产地点。大体如学界所归纳的所谓"四组合"，即长沙窑瓷器、越窑青瓷、北方白瓷和广东产青瓷。其中，长沙窑和越窑是最主要的输出产品，占了输出量的绝大部分。从目前发现的几艘9至10世纪沉船出水的器物看，长沙窑瓷器大量外销时期主要在9世纪；而越窑青瓷从9世纪后半叶起逐渐增多，10世纪取代长沙窑，成为最重要的外销产品[②]。

以往在谈及被称为邢窑白瓷的部分，实际包括了先后成为主流外销产品的河南巩义白河窑生产的白瓷器、邢窑白瓷和早

---

① 秦大树：《中国古代陶瓷外销的第一个高峰——9~10世纪陶瓷外销的规模和特点》，《故宫博物院院刊》2013年第5期，第32-49页。

② 秦大树：《拾遗南海 补阙中土——谈井里汶沉船的出水瓷器》，《故宫博物院院刊》2007年第6期，第91-101页。秦大树、任林梅：《早期海上贸易中的越窑青瓷及相关问题讨论》，《遗产与保护研究》2018年第2期，第96-111页。

日本出光美术馆藏埃及福斯塔特遗址出土的10世纪白瓷片

黑石号沉船出水的广东梅县水车窑青瓷器

期定窑白瓷。实际上以巩义窑的产品占了多数,也有一定数量的邢窑白瓷。同样,沉船资料反映的外销白瓷在9到10世纪间也有重要的变化,黑石号沉船出水的白瓷均为巩义窑和邢窑白瓷;埃及福斯塔特遗址出土的9世纪末到10世纪初的白瓷器,以定窑的产品为多;输出白瓷种类的变化是十分明显的。从目前的考古工作看,北方地区外销瓷器都在扬州城内有发现,表明主要是通过扬州出口的。

广东产青瓷的产地比较复杂,广东8世纪的窑址基本没有发现,9至10世纪的窑址有二十多处①,在粤中、粤东和粤西一带分布较为集中。典型窑址有粤东潮安北郊北堤头窑、粤东北梅县水车窑、粤东新会官冲窑、高明大岗山窑等②,最近发掘的广州曾边窑,产品面貌与新会官冲窑接近,由于其地理位置更接近广州港,很可能是更重要的外销瓷器产地③。梅县水车窑生产的瓷器较精美,其他窑口生产的瓷器质量相对粗糙。

综上所述,中晚唐至五代宋初时,即中国瓷器外销的第一个高峰时期。这一时期海上的陶瓷贸易已经形成了一次达到数万乃至数十万件的规模。当时在环印度洋地区形成了三个贸易圈,这是一种以中间港为节点的贸易模式。中国的直接贸易目的地应该是位于苏门答腊岛的室利佛逝(Sri Vijaya)王国的都城旧港(Pelambang)。●

---

① 古运泉:《广东唐宋陶瓷生产发展原因初探》,载《广东唐宋窑址出土陶瓷》,香港大学冯平山博物馆,1985年,第11页。黄慧怡:《唐宋广东生产瓷器的外销》,《海交史研究》2004年第1期,第105-118转83页。

② 古运泉:《广东唐宋陶瓷生产发展原因初探》,载《广东唐宋窑址出土陶瓷》,香港大学冯平山博物馆,1985年,第11页。黄慧怡:《唐宋广东生产瓷器的外销》,《海交史研究》2004年第1期,第105-118转83页。

③ 广州市文物考古研究院:《广州市番禺区唐代曾边窑遗址发掘报告》,《文物》待刊。

唐代宫廷的艺术

齐东方（北京大学考古文博学院 四川大学考古文博学院）

人们经常用大气磅礴、雄浑奔放、丰腴浓艳、富丽堂皇等形容唐代艺术。

唐代官府为优秀的艺匠创造了良好的条件，各地匠人被选拔到皇室、中央，待遇优渥。为保证技术的传承，允许工匠子承父业。在生产制作时，提供充足的原料，不计成本又监管严格[1]，因而在金、银、玉、瓷等奢侈品方面，出现了精美绝伦的作品。

金银器的制作，是唐代的骄傲和自豪。由于材质的珍贵，相较其他种类的器物，金银器数量虽不算多，但造型和纹样却几乎囊括唐代的全部。虽不是大众用品，却引领着时代风尚。

唐人信佛，供佛器具的制作上首选就是金银，这在舍利崇拜中得到突出的体现。佛陀火化后的遗骨，称之为"舍利"，信徒倍感亲切和神圣，保存舍利的用具极尽奢华。

陕西庆山寺是皇家寺院，舍利瓶安放在金棺中，外面套上银椁，银椁再放置在石雕宝帐中。金棺的外观镶嵌着白玉、玛瑙花瓣，左右两侧和门扉上，焊接浮雕菩萨、兽首衔环，还有表达悲恸状的5名弟子。银椁满饰錾刻的花纹，也同样镶嵌着白玉花朵。甘肃大云寺出土的五重舍利宝函也有异曲同工之妙。无论是镶嵌还是錾刻，无不彰显出艺匠的精巧与创意。更为精心制作的舍利储存用具，出土在另一座皇家寺院法门寺，舍利盛装在一木一石三金三银的八重宝函内，年代比庆山寺晚，制作得更加奢华[2]。

佛教寺院除了储存舍利，熏香供佛是常态，盛香的器物也颇为讲究。法门寺的香宝子很特别，外侧四壁的图像，是弈棋图和孝子故事图，与佛教本身没有直接关系，显然是一些信徒布施给寺院，而后成为寺院的专用器具。

使用金银器物虔诚地供佛，能彰显出极其庄严的仪式感。日常生活使用金银器，不仅是财富的代表，反映的是高贵和高雅。

---

[1] 《唐六典》卷七尚书工部条载："少府监匠一万九千八百五十人，将作监匠一万五千人，散出诸州，皆取材力强壮，技能工巧者，不得隐巧补拙……其巧手内供者，不得纳资。有阙则先补工巧业子弟，一入工匠后，不得别入诸色"。222页，中华书局，1992年。

[2] 陕西省文物考古研究所：《法门寺考古发掘报告》，文物出版社，2007年。

镇江丁卯桥出土了一大批金银器，引人注意的是银鎏金龟趺"论语玉烛"酒令筒、酒令筹、酒旗、酒纛(dào)，还有酒瓮、酒杯，透露出唐朝贵族文人的生活。

酒是高档饮品，是完成仪式的介质，也是欢乐庆典的必备，还上升为一种文化修养的展现。流传至今的五万余首唐诗中，直接咏酒的诗就有六千多首。大诗人李白号称酒仙，他传世的一千多首诗中，谈到酒的将近三分之一，涉及的酒类十几种，还提到产地、原料、配料、颜色和酿造季节。

唐朝贵族文人饮酒，席间会有增添兴致的饮酒行令。镇江丁卯桥出土一套完整的酒器，酒令筒中有50枚酒令筹，正面刻有文字，上半段选自《论语》中的一半语句，下半段为酒令内容。饮酒时，抽到令筹就要对得出《论语》的下半句，否则就得罚酒。罚酒设定了自饮、伴饮、劝饮、处（罚）、放（都免饮）和指定人饮六种情况，还规定了饮酒的数量：三分、五分、七分、满杯、四杯等。这是才华、修养的比试，需要以博学显示饮酒中的高雅和情趣。

洛阳齐国夫人吴氏墓出土的鱼纹海棠式金盏，是一件茶器，与墓中其他21件金银器为一套组合，展现出当时饮茶备水、烹煮、炙茶、贮茶的过程。饮茶是唐人的雅好，这件金盏的别致之处，是呈四瓣椭圆形，带有波斯萨珊银器的风格，是多曲长杯的变体[①]。这件盏的底部凸起的双鱼戏珠及四瓣椭圆形，使用时并不方便，制作得如此奢侈，只能是像齐国夫人这种地位显赫的人才能拥有，应是在特殊待客或仪式活动时使用展示。

唐代的金银器，变革是主旋律。丝绸之路的畅通，一些外来器物使人们耳目一新，惊奇之余，金银器物在与不同文化的和谐相处中，率先做出改变。除了波斯萨珊式的四瓣椭圆形盏，还创作出具有拜占庭器物风格的高足杯，仿粟特银器制造的带把杯等，体现出在中国传统文化缺乏内在更新动力时，通过吸收外来文化的特色，找寻突破方向，使得作品呈现多元文化形态，又在不断改造的过程中将其纳入自身文化，成为一体。

唐代后期金银器种类繁多，早期神化的、形象怪异的动物纹样，被生动活泼的狮、马、犀牛、鹿、鸿雁、蜂蝶、飞鸟、鸳鸯、鹦鹉、双鱼等取代，花草纹样自由随意，开辟了新的装饰手法[②]。西安何家村的带盖银碗是一件代表作，饰有折枝阔叶大花，以留出一些空白衬托，更显醒目。折枝纹的出现，是从传统中滋生出新的典范，也

---

① 齐东方、张静：《唐代萨珊式金银器研究》，《考古》1998年6期。
② 齐东方：《唐代金银器研究》，中国社会科学出版社，1999年。

成为后来宋代艺术的专门范式。

金属器中的铜镜，在唐代出现制作的艺术高峰。铜在唐代用于制造佛教造像、佛钟，消耗很大，更是制造货币的材料，因此严格管控，不许用作器物，但不禁铜镜的制造。由于材料难得，人们便以非凡的创造力，将直径不过数寸的铜镜，当作展示技艺的载体，设计制造出盘龙镜、双鸾镜、千秋镜、水心镜、月宫镜、仙人镜、狩猎镜等，还有特种工艺镜的金背镜、螺钿镜等，在有限的空间内施展浪漫主义的艺术想象。

龙对中国有非凡的意义，它是祥瑞之兽，早在新石器时代就发现有玉龙。到西汉时建立了"瑞应学说"，认为龙凤之瑞，自应天命，龙的形象也大致固定，此后一直是高贵、尊荣、权势的象征。

西安东南郊曲江池出土的玉龙首，器形较大。曲江池是皇室贵胄、达官显宦、雅士文人游赏之地，这件玉龙首可能是榻、步辇或游船上的饰件，拥有者非富即贵。何家村遗宝中也有龙凤纹银碗，凤在碗心居上、龙在足底居下，錾刻得十分细腻，有腾云驾雾、追波逐浪之感。龙、凤同时出现在一件器物上难能可贵，是"龙凤呈祥"最早的见证，应该是皇家的私人定制。

何家村遗宝中还有纯金浇铸的小金龙，都是行走状态，龙首高昂，尾部舒卷，四肢劲健，体形乖巧，各显其姿。这些金龙可能与道教的法事活动有关。道教中有"投龙"仪式，是做一个坛场，放置龙、壁、简等供奉诸神。仪式后要把简和金龙投向山涧、大河或者湖泊，向天、地、水三个方向祈愿。皇室的祈愿仪式，使用金龙。

唐代的奢侈品中，玉也不可忽略。中国尊玉、爱玉的心理根深蒂固，而且从未改变。唐代观赏装饰的玉器逐渐增多，但仍是高贵的象征。

考古发现的唐代墓葬中出土玉器，但不是专门的丧葬用玉器，多是朝服葬的遗物。朝服是一种礼服，不同官品要佩戴不同数量和质量的玉，包括玉带和组玉佩，唐代李寿墓的组玉佩便是身份的象征。何家村遗宝中也有10副玉带，分装在四件银盒内，银盒上的墨书题记清楚地记录了玉的质地、名称、形制和数量。虽然未必是严格的定名，却体现出唐人会根据玉的质地特征对玉进行描述。

准确地说，玉带应叫玉带板，是钉在皮革腰带上的方形、半圆、圆首圭形的装饰，方形和半圆形的称銙，圆首圭形的叫铊尾。銙下有环者叫蹀躞，可以悬挂各种物件。腰带虽有实用性，在唐代有了新的含义。除了一般的区分"贵贱"，还明确规定文武三品以上的官员才可以用玉带。而三品以下，只能分别用金、银、铜带①。上朝的时候，各级官员腰间系的腰带展示在人们的眼前，便知道是什么品级的官员。何家村遗宝中有一副曾经使用过的"九环蹀躞带"。玉方銙与革带还钉在一起，文献中记载"天子用九环带"，应为皇帝御用之物。

玉带不光标识等级，当然也注重美观。何家村遗宝中的碾狮纹白玉带，不仅玉色洁白，晶莹温润，还刻画了形态各异的狮子，呈深浅不一的浮雕效果，属唐代玉器中罕见的精品。陕西长安县窦皦墓出土的玉带，镶金嵌宝石，呈现出精美绝伦的艺术效果，为不可多得的艺术珍品。何家村遗宝中的玉臂环、多曲长杯，也是高标准的艺术品。唐代玉器展现出的艺术化发展趋势，为后世观赏玉器的大行其道开辟了新的方向。

在中国陶瓷器的发展演变过程中，唐代可圈可点，经过几百年的经验积蓄，这时真正迎来了转折，开创性的成就包括"南青北白"的佳作频出、唐三彩的异彩纷呈、彩瓷的突飞猛进、青花的崭露头角等，奠定了中国瓷器发展的坚实基础。

法门寺地宫的发掘，14件造型奇巧、质地轻薄的瓷器，揭示出青瓷中作为贡瓷的精品秘色瓷的面目，釉色像望见远处的青山，诚如诗人陆龟蒙《秘色越器》中所说"九秋风露越窑开，夺得千峰翠色来"。白瓷是唐代技术上的飞跃，产品除了自身展现出一片明澈，也是后来青花、彩瓷产生的前提。瓷器中的高档作品，专供给朝廷使用，烧造时要标明"进""盈""翰林""官"等文字，当然也会流入到民间的富裕之家。●

---

① 《旧唐书》卷四十五《舆服志》，1952、1953页，中华书局，1975年。

唐代丝路上的服饰时尚圈

赵丰（浙江大学艺术与考古学院）

时尚是什么？时尚本质上是一种对权力、财富和美色的展示和炫耀。这种炫耀的基础是技术的能力、文化的合力和经济的实力。所以，一切时尚都是从政治、文化和经济的中心和高地开始的，自中而外，自上而下。

在唐代政治安定、经济强劲、文化发达的背景下，这个中心就是首都长安，一切均从长安开始，一切均从长安的皇家开始。白居易写《时世妆》时还是这样描写："时世妆，出自城中传四方。"《缭绫》诗又云："天上取样人间织。"这里的"天上"就是皇家，人间就是民间。所以，唐代的时尚是一个层层级级的时尚圈，一是自中而外，从长安到河西，再从河西到西州。另一是自上而下，从皇家到百官，再到士民百姓。

一、宫廷：时尚的中心

长安的时尚第一在于皇家，皇家是时尚的源头，也是时尚的顶峰。

了解大唐历史的人们会发现一个很有意思的现象，唐朝后宫的宫女数量多得惊人。唐太宗时，宫人已经有数万之众。白居易《长恨歌》中说："后宫佳丽三千人。"这些宫女中就有一部分是专门为皇室提供娱乐的女艺人，或能歌善舞，或精通乐器。《缭绫》诗中又写到宫女的服装是"广裁衫袖长制裙"，这在当时是一种软舞，柔美的舞姿可以传情达意，而宽大超长的衣袖和披帛则形成了一种时装的时尚。

唐代有不少皇家墓室显现了这一类的形象。如李世民的两位贵妃韦贵妃和燕德妃墓中的壁画上，就发现了不少舞伎形象，其中多为广袖长裙的形制。

到盛唐时期，这类墓葬中也出土了呈现宫乐和歌舞形象的服饰俑，如蒲城县惠陵李宪墓出土的粉彩俑。李宪是唐玄宗李隆基的

大哥，后来主动让位于李隆基。在他去世时，唐玄宗不仅追谥其为让皇帝，并追赠宪妃元氏为恭皇后，其地宫建制与诸陵同。也就是说，墓中出土的女俑应该就是当时宫女的形象，就是当时时尚女性的样子。

此外，贝国太夫人任氏墓中出土的乐舞俑，和孙承嗣夫妇墓中出土的吹奏俑，她们即使不一定是直接的宫廷乐舞，但也是对宫廷乐舞形象的效仿，都展示了唐代长安上层社会的服饰之美。

还有一个例子是夹缬。夹缬是一种用对称的雕花板夹持丝绸，再用夹板进行防染而获得的印花织物。唐人所著《因话录》载：

唐玄宗柳婕妤，"婕妤妹适赵氏，性巧慧，因使工镂板为杂花象之，而为夹缬。因婕妤生日，献王皇后一匹，上见而赏之，因敕宫中依样制之。当时甚秘，后渐出，遍于天下，乃为至贱所服。"这里的故事说，正是因为玄宗看了王皇后所穿的夹缬，让宫里的人照样仿制，成为一种时尚。而这种时尚一开始只是限于宫里，后来渐渐传出宫外，再后来则遍于天下。

唐代夹缬作品发现较多。但直接反映宫廷的夹缬发现在法门寺地宫里，地宫的物帐碑中记录了其中有"夹缬下盖各三事"，在出土物中也有一件蓝色花卉纹的夹缬罗实物

保存至今。这正是唐皇室给佛祖舍利的最贵重供奉，也说明了夹缬在宫中的流行。但夹缬更大量地在敦煌藏经洞中发现，这些夹缬目前收藏在英国、法国、俄罗斯等地的博物馆中，大量用于制作佛幡、百纳经巾和经帙，其纹样多作花卉，或是陵阳公样，说明了夹缬在当时流行于全国各地。甘肃省博物馆所收藏的一件团花纹夹缬经帙，也应该出自敦煌藏经洞，正是敦煌夹缬的实证。而北高加索地区发现的相当于唐代的夹缬，以及日本正仓院中保存大量的完好的唐朝夹缬及一些日本的仿制品，更说明了当时夹缬传播之广和影响之远。

二、官员：时尚的等级

层层级级的文武官员，是社会中的精英阶层，也在相当程度上代表了时尚的流行。而他们身上的流行，则在于公服和常服上的丝绸面料，面料所显示的等级，就成为流行的等级，也随着这些官员在全国范围内的流动而传播着时尚。

一是面料。武德年间（618-626年）起，较高等级的可以服绫、罗，较低等级的服绫，而流外官或庶民等则服绸、绢、绝、布等没有纹样，甚至不是丝绸的面料。贞观（627-649年）之后没有明确写明各等级服用面料的区别，但估计没有大的变化。但到文宗时已明确各等级袍袄之制均为用绫。估计用绫的传统在文宗之前较长的时间内已经形成了，这也说明了在白居易（772-846年）的年代里，绫已是官服的标配，十分流行，绫在所有官服的服用面料里，占有了绝对的比重，可以说是一统天下。

二是色彩。从《舆服志》的记载来看，唐代总体的色彩等级在初唐已定下来，盛唐时或稍有少变，中晚唐就没有什么变化。三品以上色用紫，五品以上色用朱，六品以上色用黄；六品、七品色用绿，八品、九品色用青。到贞观时改为三品以上服紫，五品以上服绯，六品、七品服绿，八品、九品服青，龙朔二年（662年）把最低等级的青改为了碧。总体来看，服色色彩的等级由上而下依次是紫、绯、绿、青，但从上元元年（760年）开始，又分出深、浅两级，等级高者深，等级低者浅。

三是纹样。文献中非常明确，初唐时期，高等级的官员用大团窠纹样，五品以上中等级的官员用小团窠纹样，而低等级的则服丝布、交梭、双紃绫，或龟甲、双巨、十花绫，均是几何或小花类的纹样。但到德宗和文宗期间，也就是白居易时期，出现了很高等级的官员如观察使或节度使用鹘衔瑞草、雁衔绶带、双孔雀、地黄交枝等均属于写实类的花鸟纹样，与高祖、太宗时的团窠已有较大区别。

德宗、文宗时期出现的雁衔绶带和双孔雀纹样一直沿用到晚唐甚至五代，也在辽代初期的耶律羽之墓（941年）中有所发现，经考证应是唐代晚期同名织物图案的沿用。前者是两雁相对衔住打成盘长结的绸带，一幅中左右对称，图案循环甚大；后者则是在团窠的外形中以双孔雀衔牡丹花的形式出现。作为官服的花鸟纹样在中晚唐诗人的诗中有大量的反映。如"合蝉巧间双盘带，联雁斜衔小折枝"①；"瑶台雪里鹤张翅，禁苑风前梅折枝"②；"瑞草唯承天上露，红鸾不受世间尘"③。

这里还有一个例子是慕容智。2019年底，甘肃省考古研究所发掘了位处甘肃省武威市天祝县的慕容智墓。根据出土墓志记载，墓主人慕容智是大周云麾将军守左玉钤卫大将军，封为喜王。他的父亲就是吐谷浑最后一位国君慕容诺曷钵，母亲为唐朝著名的弘化公主。慕容智为其第三子，于永徽元年（650年）生于吐谷浑王城伏俟城，663年随父母逃亡至今武威地区。大约在成年后，至唐都长安入侍宫廷，担任禁卫军职，官至"守左玉钤卫大将军"。慕容智智勇双全，望重边亭，誉隆藩邦，但因病于天授二年（691年）三月二日薨，终年42岁，并于同年入葬。慕容智死后，按照礼制于"其年九月五日迁葬于大可汗陵"，墓中出土了大量金银器、漆木器、革制和丝麻织品、彩绘陶等遗物，看来都是以唐朝官员的制度来制作的。墓中出土的服饰也正好体现了这一点。

在慕容智墓的出土服饰中，半臂是一个重要的服装门类，即短袖上衣。《新唐书·车服志》："半袖、裙、襦者，女史常供奉之服也。"证以图像，如永泰公主墓壁画中所绘的侍女，吐鲁番出土大量女俑中，都有半臂的服用。我们可以看到服饰中半臂的流行，即使是在日本正仓院和法隆寺，也有大量的半臂实物保存。慕容智墓中的半臂，一共出了三件。一件是团窠纹绫的半臂，就在展览之中。

因为半臂常用质量较好的织物制作。《旧唐书·韦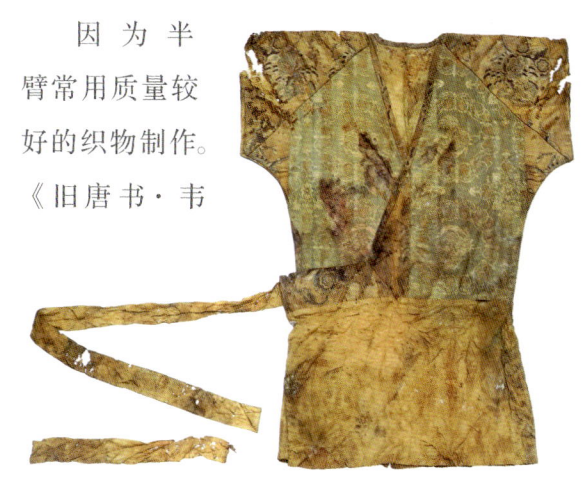

---

① 秦韬：《织锦妇》，《全唐诗》卷670。
② 章孝标：《织绫词》，《全唐诗》卷506。
③ 王建：《和蒋学士新授章服》，《全唐诗》卷300。

宝花团窠鹿纹锦纹样复原（根据考古报告重绘）和实物

坚传》、《新唐书·来子珣传》、唐姚汝能《安禄山事迹》卷上、五代王定保《摭言》卷十二等都提到"锦半臂"。与之相应，《新唐书·地理志》记载的扬州土贡物产中有"半臂锦"。玄宗时曾命皇甫恂在益州织造"半臂子"，估计这也是一种特殊的供制半臂用的优等织物。吐鲁番阿斯塔那出土的不少女俑穿着的也多是团窠对禽

纹锦半臂。慕容智墓中的另外两件半臂更为高级，均是锦半臂。其中使用的织锦就是花卉团窠环中的凤、鹿、狮子等唐式纬锦，即我们所认为的"陵阳公样"。

一件是黄地宝花团窠鹿纹锦半臂，右衽。半臂身长93厘米，其中织锦部分约60厘米长，通袖宽86-57厘米，裙部为深蓝色菱格纹罗。黄地宝花团窠鹿纹锦采用了典型的三枚Z向斜纹纬二重组织。纬线起码有五种色彩，浅褐色作地，浅蓝色作为鹿身的主体，另有深褐和深蓝显示鹿角、胸毛、眼睛、鹿耳，以及鹿身上的装饰团花，另有白色作为纹样勾边。图案是典型的瓣式宝花作为团窠环，环外以浅褐色作地，环内以白色为地。一只大角鹿昂首站立，纬向相邻团窠中的站鹿方向恰好相对，而经向相邻团窠中站鹿方向一致。外边的团窠之间有葡萄纹的十样花作为宾花。一个团窠的直径约在36厘米左右。

另一件是绿地缠枝葡萄团窠立凤锦半臂面料，衣长约88厘米，其中上部为锦，下部为摆，两袖宽69.5厘米。上半部为绿色地缠枝葡萄团窠立凤锦，肩部为无团窠的对麒麟纹锦，下半部为黄色方格纹绫。缠枝葡萄团窠立凤锦以三枚斜纹纬二重作为基本组织，纬线三色，绿色为地，白色显一足独立、回首展翅凤凰的主题纹样，以及缠枝葡萄藤蔓构成的团窠及宾花纹样，但其中的葡萄叶和凤喙则由棕色纬线织成。半臂背部织锦保存最为完整，左右宽49.5厘米（其实为经线方

向），上下长53厘米（其实为纬线方向，即织物的门幅至少在53厘米以上）。测得一个团窠单元的经向循环为21厘米，纬向循环为22厘米。此锦纹样与敦煌藏经洞发现的缠枝葡萄团窠立凤"吉"字锦极为接近[①]。据我们的实测，缠枝葡萄团窠立凤"吉"字锦为红白双色斜纹纬锦，原件已残，存约27×25.6厘米，团窠单元约在30厘米左右，较此件绿地缠枝葡萄团窠立凤锦稍大，属于中窠规格。

服装的色彩也很重要。慕容智墓中也出土了一件黄地宝花团窠对狮纹锦缘的紫绫襕袍的领子和两袖。襕袍身长135厘米、通袖长243厘米，右衽，主体为紫色团窠对凤纹绫，内衬黄绢。这里的黄地宝花团窠对狮纹锦也是一种陵阳公样，作为绫织物的团窠对凤纹绫也是陵阳公样，特别有意思的是，色彩用的是紫色。"朝班尽说人宜紫，洞府应无鹤着绯"[②]，紫色是唐代百官中级别最高的色彩。

三、西域：时尚的先锋

时尚的另一来源是少年、美色和新奇。这里最有代表性的就是胡服的流行。

胡服在唐朝十分流行，其原因主要是南北朝以来胡汉民族文化交融与流变的直接结果，以及中原汉族对少数民族文化的容纳和接受。另一方面也与李唐皇室的胡人血统有关。陈寅恪先生指出：唐代创业及初期君主如高祖之母为独孤氏、太宗之母为窦氏、高宗之母为长孙氏，皆是胡种，而非汉族，故李唐皇室之女系母统杂有胡族血胤，世所共知。天生的异族血统和固有的胡人心态使李唐皇室对胡族习俗有一种天然的亲切感和认同感。在这样的政治和文化背景下，贵族女性从对胡舞的喜爱发展到对充满异域风情的胡服的模仿，从而使胡服在唐代迅速流行。元稹（779-831年）诗《和李校书新题乐府十二首·法曲》描写：

自从胡骑起烟尘，毛毳腥膻满咸洛。
女为胡妇学胡妆，伎进胡音务胡乐。
火凤声沉多咽绝，春莺啭罢长萧索。
胡音胡骑与胡妆，五十年来竞纷泊。

这种流行一直到晚唐的花蕊夫人（约883-926年）《宫词》中写的诗句，也说明晚唐，甚至五代，女子骑马的胡风现象仍然存在。

回鹘衣装回鹘马，就中偏称小腰身。
盘凤鞍鞯闪色妆，黄金压胯紫游缰。

元稹和花蕊夫人这里说的都是胡骑入侵中国，或是说胡人进入内地，从而带来了胡风的盛行。其实不然，早在初唐的西域，此地胡人更多，胡风更盛。

新疆吐鲁番高昌故城坐落在吐鲁番市东

---

① Riboud, K and Vial, G.; *Tissus de Touen-Houang*, Paris, 1970，加《敦煌丝绸艺术全集》（法藏卷），东华大学出版社。
② 司空图：《戏题试衫》，《全唐诗》卷633。

面约四十公里的哈拉和卓乡。始建于公元前1世纪，为西汉王朝在车师国境内的屯垦戍边部队所建。汉、魏、晋历代均派有戊己校尉于此城，管理屯田，故又被称为"戊己校尉城"。4世纪，高昌为前凉、北凉所占。5至7世纪中叶，吐鲁番分别是阚氏高昌、张氏高昌、马氏高昌及麴氏高昌。这些"高昌王"均受中原王朝的册封，其中麴氏高昌（499-640年）统治时间最长达140余年之久。此后唐据高昌，设为西州，位于丝绸之路的交通要道上，反映了丝路上的时尚交流，也是时尚的前沿，一个重要的变化之地。

西州的时尚变化可以从阿斯塔那古墓群出土的历史文物中看出。阿斯塔那是新疆地区发掘晋唐墓葬数量和出土文物最多的遗存，对了解西域地区的考古学文化序列、中国中古史和中西经济、文化交流研究都有重要意义。其中的织物、绘画和服饰遗存也具有极高的文物与艺术价值，特别能说明西域的时尚变迁，更是西域各族居民深度交往、交流、交融及对中华文化认同的生动展示。

这里的时尚，一是胡锦或是番锦流行，

即便是来自中原的织锦，也是在模仿西域的织锦，织出了西域的风格。这其中最为明显的是联珠纹的织锦。

联珠纹其实并不是主题纹样，而是一种骨架的纹样，即由大小基本相同的圆形几何点联接排列，形成更大的几何形骨架，然后在这些骨架中填以动物、花卉等各种纹样，有时也穿插在具体的纹样中作装饰带，如上述联珠树纹锦和一些衔绶鸟的绶带等。联珠纹用于丝绸图案最早见于山西太原北齐徐显秀墓壁画中对服饰的描绘，壁画中有两种丝绸纹样，一种是以佛像头作主题的联珠纹，另一种是联珠纹中的对鹿图案。而联珠纹的实物最早见于北朝时期的高昌故国。它可以有多种形式，一种是纯联珠，另一种是联珠与其他装饰性纹样的配合。这类例子既有经锦，也有纬锦，经锦一般是中原仿制西域风格的设计，纬锦则有两种，一种是中亚风格和技术的织锦，很有可能就是粟特织锦，另一种是具有圆滑勾边的纬锦，我把它定为何稠仿制的波斯锦，产于四川的蜀锦。

联珠纹在中国盛行于魏晋南北朝乃至隋唐时期，但在古代西亚、中亚地区的流行则更早更甚，故一般可认为其源在西亚。古代中国文献中也有几种记载可能与此有关，如连珠纹、球路纹等，代表了部分中国人对联珠纹的看法。但事实上恐怕这种联珠纹只是普通的装饰而已，并无特殊的含义。

二是胡服的款式，更是成为流行代表，这其中的标志性款式是：高尖蕃帽、圆领或是翻领衣袍、小袖细衫、尖勾锦靴、腰系皮带等都是胡服的典型特征，此外还有朱唇赭颊，唐代流行的"女扮男装"俑或是"女穿胡服"俑均是当时社会风俗的表现。

圆领亦称团领，是唐代最典型的胡服，也是最具代表性的唐代男装。这种圆领在打开之后，其实就形成了翻领袍。这类大袍往往下摆背后缺胯，开始可能较低，后渐高，直抵胯部，故称为缺胯袍，这种的袍子便于骑马，正是胡服的特点。

胡帽的特点总体是高，这在西域沙漠戈壁上特别需要，而且在中亚一带自古以来就很流行。在阿斯塔那唐葬出土的一幅绢画《乐

伎图》中，一位年轻美貌的西域女子身着色彩鲜艳的上衣，手持一把古琴，头上戴着高帽子，上面绣有漂亮的花纹图案。还有尖顶帽的流行，另一件戴有尖顶帽的大翻领男俑，正是一个好的实例。

鞋类服饰在这一时期有履、鞋、靴等。中原流行的一般用织物缝制而成的为履，唐代初期也在西州一带流行，还有高头和小头、平头之分，高头履按履头形式可分云头履、重台履、雀头履等。鞋大约是用植物绳索直接编织而成的，吐鲁番出土的麻鞋不少，均有系带，当时可以称为线鞋。而最有胡服特色的是靴子。穿靴是游牧民族的风俗习俗，直至隋代，靴子才作为一种正式官吏常服出现在朝堂上。唐代最为常见的就是乌皮靴，又称乌皮六合靴，这种靴子由六块皮子缝合而成，因为这些皮革在缝合前已经被染黑，因此得名乌皮靴。这些乌皮靴在青海都兰有大量出土，敦煌壁画中也绘有穿着乌头靴的人物，这些人物也有女性，其实就是女穿男

子装束的一种流行时尚，而且时尚女子常用彩色皮革或多彩织锦制成尖头短靴，有的在靴上镶嵌珠宝。初唐之后，这种靴子不仅被钦定为宫廷官鞋，还可以着靴入殿。当时制靴以黑色皮革为主，前唐多穿高腰靴，特别是军旅武士全着长靴，到了后唐五代流行短腰靴。李白让高力士脱靴的故事就是穿靴上朝的证据。

其三，妆容也是西域女子的流行时尚。在中国传统的女性审美观中，蛾眉连娟、唇红齿白、面若桃花才是女性美的特征。特别是在中国文人作品中，对女性美的描绘几乎是一样的理想模式。元稹（779-831年）《恨妆成》描绘了一位女性上妆的详细过程：

晓日穿隙明，开帷理妆点。
傅粉贵重重，施朱怜冉冉。
柔鬟背额垂，丛鬓随钗敛。
凝翠晕蛾眉，轻红拂花脸。
满头行小梳，当面施圆靥。
最恨花落时，妆成独披掩。

根据诗中内容，这位女子面妆包括了敷铅粉、抹胭脂、描眉、贴花钿、点面靥等几个步骤，即使妆成无人欣赏，也要细致地描绘每处细节，可见唐代女性对妆容的重视[①]。

面妆，这是女性妆饰的重要内容，是在面部主体化妆，可分为白妆、红妆、额黄等。其中红妆是中国古代女性面妆中最为常见、

---

① 孟可：《盛世华妆：唐代女性妆饰文化探究》，华中师范大学专门史硕士学位论文。

流传最广的妆容，凡运用胭脂使面部呈现出红晕的妆式皆可称为红妆。额黄就是在额上涂黄粉，也可以看作是一种面妆。

妆靥是在面部进行加绘，而花钿是在面部贴画。这是特别有趣的部分。妆靥的原意是点于双颊的小纹样。起初的面靥是在面部点上两个圆点，随着唐代的盛世华妆，面靥出现了更多样式，有形似钱币的"钱点"，形似花朵的"花靥"，还有形如小鱼小鸭子的面靥。斜红算是最为有名的一种，即用胭脂在女子两边眼角处各描一道弯弯的红线的妆饰方法。

眉装是对眉毛形状的装饰，也有很多形状，称为柳叶眉、远山眉、斜月眉、八字眉等。花钿，又名花子、媚子，则是施于眉心的装饰。它并非用颜料画出，而是将剪成的花样贴在额前。在唐代，花钿除圆形的以外，还有种种繁复的形状。

吐鲁番出土了一些女性的绘画和彩绘俑，其脸部均有详细的描绘，正是反映了西域的时尚。

综上所述，唐代是一个开放、交流的时代，是一个技术发达、经济强劲的时代，是一个文化多样、艺术繁荣的时代。在这个时代中，时尚也成为社会发展的一个重要方面，无论是服装款式，还是织物面料，无论是图案设计，还是色彩等级，甚至是发式和容貌化妆，都有着时尚的发展规律。但所有这些流行，其主流还是权力和财富的炫耀，时尚的根源还是来自以皇家为中心的长安，但也有部分是来自年少和新奇，来自风格迥异的西域。●

隋唐时期的中原与丝绸之路

陈彦堂（河南省文物局）

中原地区与丝绸之路相关的文化遗产种类和数量都很多，基本涵盖了唐代社会生活的方方面面，从不同角度反映出隋唐时期中原地区在整个国家系统中的地位和作用。与文献中记载相结合，文物的实证作用更加凸显，形象具体地展示了中国古代社会鼎盛时期中原地区的文化面貌。

一、古代文献中有关隋唐时期中原与丝路关系的记载

有关隋唐时期中原与丝绸之路关系的文献资料汗牛充栋。这些文献不仅为我们描绘了丝绸之路上东西方文化交流的盛况，还对研究考古发掘成果具有重要价值。兹选取正史、会要、通鉴、方志等书五种，撮其要者分类摘编如次。

（一）《隋书》[①]

1. 卷二十八

鸿胪寺改典客署为典蕃署。初炀帝置四方馆于建国门外，以待四方使者……东都东市曰丰都市，南市曰大同，北市曰通远。

2. 卷六十七

炀帝即位，营建东都，矩职修府省，九旬而就……诸胡商至者，矩诱令言其国俗山川险易，撰西域图记三卷，入朝奏之。

其冬，帝至东都……又令三市店肆皆设帷帐，盛列酒食，遣掌蕃率蛮夷与民贸易，所至之处，悉令邀延就坐，醉饱而散。蛮夷嗟叹，谓中国为神仙。

（二）《旧唐书》[②]

1. 卷六

（天授）三年正月，亲祀明堂……三月，五天竺国并遣使朝贡。

2. 卷七

神龙元年……十一月……己丑，御洛城南门楼观泼寒胡戏。

3. 卷八

开元十年春正月丁巳，幸东都……冬十月……波斯国遣使献狮子。

4. 卷二二

永昌元年正月元日，始亲享明堂，……吐蕃及诸夷以明堂成，亦各遣使来贺。

5. 卷一百九十一

[①] （唐）魏征 令狐德棻：《隋书》，中华书局，1973年，北京。
[②] （后晋）刘昫等撰：《旧唐书》，中华书局，1975年5月，北京。

僧玄奘，姓陈氏，洛州偃师人……贞观初，随商人往游西域……在西域十七年，经百余国，悉解其国之语，仍采其山川谣俗，土地所有，撰《西域记》十二卷。贞观十九年，归至京师。

（三）《唐会要》①

1. 卷七

麟德二年十月丁卯，帝发东都……突厥、于阗、波斯、天竺国、罽宾、乌苌、昆仑、倭国等诸蕃酋长，各率其属扈从。

2. 卷四十九

天宝四载九月，诏曰："波斯经教，出自大秦，传习而来，久行中国，爰初建寺，因以为名，将欲示人，必修其本，其两京波斯寺，宜改为大秦寺，天下诸府郡置者，亦准此。"

（元和）二年正月……庚子，回纥请于河南府太原府置摩尼寺，许之。

（四）《河南志》②

卷一

次北修善坊。隋有蔡王智积宅，唐有波斯胡寺。

（五）《唐两京城坊考》③

1. 卷五

长寿中以蕃胡慕义，请立天枢，武太后析雒阳、永昌二县，置来庭县廨于此坊，以领四方蕃客。后蕃客隶鸿胪寺，神龙元年省。

2. 卷五

胡祆祠。《四库提要》西学下引宋敏求《东京记》载，宁远坊有祆神庙。注曰：《四夷朝贡图》云：康国有神名祆，毕国有火祆祠，或曰石勒时立此。按东京无宁远坊，而会要与此皆有祆祠，未识所引东京记见于何书，佚考。

二、考古资料对中原与丝绸之路关系的实证

考古发掘和馆藏文物中，有一部分内容与丝绸之路密切相关。这些实物资料与文献典籍的记载互为补充和印证，是隋唐时期中外文化交流最直观的描绘和写照。

（一）都城遗址：隋唐洛阳城

隋炀帝即位后，改洛阳为东京，大规模营建洛阳。大业二年（606年）东京建成。唐太宗于贞观年间营建洛阳宫，唐高宗即位后，下诏改"洛阳宫为东都"。武则天临朝称帝，改国号为周，"改东都为神都"。中宗即位，"复国号为唐"，"复神都为东都"。

隋唐洛阳城是继汉魏洛阳城之后在中原地区形成的全国性的政治、经济和文化中心。其城址规模之巨大，建筑气势之恢宏，文化

---

① （宋）王溥：《唐会要》，丛书集成初编本，中华书局影印版1985年，北京。
② （清）徐松辑 高敏点校：《河南志》，中华书局，1994年，北京。
③ （清）徐松撰 张穆校补 方严点校：《唐两京城坊考》，中华书局，1985年8月，北京。

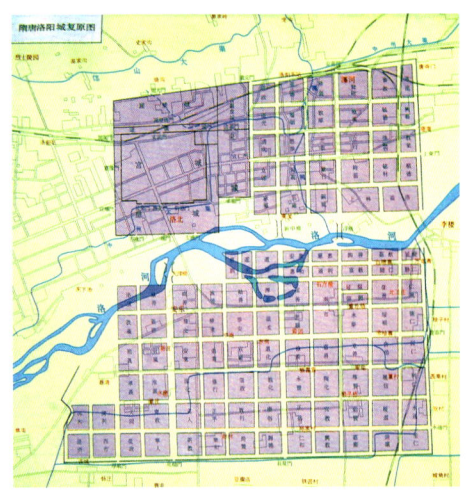
隋唐洛阳城平面图

隋唐洛阳城外郭城夯土城墙

关林唐墓出土的东罗马玻璃瓶

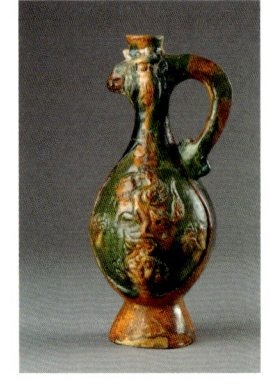
三彩凤首壶

白釉鹰首盖壶

内涵之丰厚,连续使用年代之漫长,在国内外同时期的都城遗址中罕有相匹者。

考古成果表明,隋唐洛阳城主要由外郭城、宫城、皇城、东城、含嘉仓城、上阳宫及西苑等部分组成。城市建制在遗址中保存基本完整,布局基本清晰可辨,并且与古代文献记载基本吻合[①]。而且隋唐洛阳城的鼎盛时期,尤其是武则天时期,正是对外交流极为频繁的时期。规模宏大的宫殿建筑和繁华喧嚣的商业市场和街区,见证了来自西域和东瀛的商人、僧侣、使臣在大唐帝国的活动,也描绘了唐王朝与东西方广泛深入交往的开阔胸襟。城内遗址以及唐代墓葬中出土的大量反映域外文化因素的文物如西域商人

---

① 中国社会科学院考古研究所:《隋唐洛阳城1959-2001年考古发掘报告》,文物出版社,2014年11月,北京。

三彩商旅骆驼

彩绘胡人俑

胡人牵驼壁画

高昌吉利铜钱

陶俑、三彩骆驼、罗马金币和波斯银币、西方玻璃器等,见证了这一时期丝绸之路商旅不绝、中外文化交流频繁的盛况。

作为当时东亚地区最重要的城市之一,隋唐洛阳城前承汉魏洛阳城营建成果,后启五代及宋金洛阳城的规划理念,其城市规划理念和布局不仅在中国影响深远,而且影响到了日本奈良等其他东方城市的建设[1],在中古时期的城市史上占有重要地位。

(二)道路关隘:石壕古道与两京交通

汉唐两京故道是丝绸之路上唯一一处沟通西安与洛阳两个政治、经济和文化中心的文化遗产,也是所有与丝绸相关的文化遗产中,最能体现其本体意义的遗产。它采取水陆联运、内外结合的方式,在保证丝路畅通、政局稳定等方面都具有重要意义。

陆上交通的部分遗存依然保存原状,多数路段已深埋地下[2]。现存的古迹既有古代的道路、关隘,也有修建道路时的造像和题记,主要有黄河小浪底栈道遗址、汉函谷关遗址、两京故道沿线的隋唐离宫遗址、陕县石壕古道等。这些文物遗存,见证了汉唐时期两京之间乃至中国与西方之间的经济文化往来。

---

[1] 宿白:《隋唐长安城与洛阳城》,《考古》1978年第6期。
[2] 三门峡市文物考古研究所:《崤函古道石壕段遗址考古调查述略》,《洛阳考古》2014年第2期。

石壕古道遗址上出土的唐代碑座

石壕古道上的车辙

坡顶古道壕沟

黄河古栈道

　　石壕古道是崤函古道其中的一段①。该古道位于三门峡市东约36公里的陕县硖石乡车壕村东南,唐代大诗人杜甫名篇《石壕吏》中"暮投石壕村"即此。古道残段呈南北向,夹在两个小山包之间的石板坡上,路面宽度6—8米,石板坡上的印痕全长100余米,其中有10余米长辙痕较明显,两车辙间宽1.16米,车辙壕深0.25—0.32米。

　　两京故道的水路部分主要是依靠黄河。黄河漕运与两京间的陆路通道相结合,保证了长安与洛阳之间的交通运输,成为丝绸之路东段的重要组成部分。而洛阳至三门峡段发现的黄河栈道及相关遗迹,成为两京故道水运网络的实物见证。

　　栈道是在陡立的石壁上凿出的一条狭窄走道,一般在侧壁凿有牛鼻形孔,侧壁底部有方形壁孔,栈路上凿有地孔,地孔和壁孔对正使用。黄河古栈道的始建时间不晚于西汉,隋唐两代继续得到重视。20世纪50年代,在三门峡发现了大量与汉魏时期漕运相

---

① 三门峡市文物考古研究所:《崤函古道石壕段遗址考古调查述略》,《洛阳考古》2014年第2期。

关的史迹，包括栈道、碑记、题刻、仓储遗址等①。90年代末，在从新安县与孟津县交界处至新安县与渑池交界全长36公里的地段内，发现了众多的栈道等漕运遗迹，包括唐"上元三年"、唐"大中十三年"的题记等②。

（三）石窟寺：龙门石窟中的丝行香会

丝绸之路以输出中国丝绸为主要商品，并输入西方的毛织品、玻璃、香料等。在龙门石窟的碑刻题记正好体现了这一内容，弥足珍贵。

据文献记载，隋唐两代洛阳城内都建有规模庞大的市场，即南市、北市和西市。其中，南市规模最大，是当时全国丝绸、瓷器等商品的集散地，是关东最大的商业贸易中心。《唐两京城坊考》记载：南市"一百二十行，三千余肆，四壁有四百余店，货贿山积"。丝帛是唐代重要的输出品，从全国各地汇集而来的丝帛经南、北市内的丝帛行会发送到全国各地乃至西域；而香料是唐代重要的输入品，经丝绸之路从西土运到中原洛都，再发送至全国各地。

无论是南市还是北市，无论是香行、丝行还是彩帛行，这些对于探讨唐东都南北市商业经济的繁荣与中西贸易的发展，都是不可多得的第一手资料。龙门石窟中保存了当时商业行会的造像和题记③，主要有：

第1410窟（南市香行像窟）位于龙门石窟西山南段的崖面上，是一座盛唐时期的中小型洞窟。北壁残存的题铭，记载了永昌元年（689年）唐东都洛阳南市香行业的一批中外商人开凿窟龛的事迹。

第1504窟（北市丝行像窟）位于龙门石窟西山偏南，是盛唐时期的洞窟。窟门正中和后室北壁刊刻题铭。据此可知，北市丝行像窟是由唐东都洛阳北市丝行的商人所开凿的功德窟。

北市丝行像窟题记

北市彩帛行净土堂题记

---

① 中国科学院考古研究所：《三门峡漕运遗迹》，科学出版社，1959年9月，北京。
② 河南省文物局：《黄河小浪底水库文物考古报告集》（二），黄河水利出版社，1998年4月，郑州。
③ 洛阳市地方史志编纂委员会：《洛阳市志第15卷 白马寺·龙门石窟志》，中州古籍出版社，1996年，郑州。

第1896窟（北市彩帛行净土堂）位于龙门石窟西山南段的崖面上，是盛唐时期的一座中小型洞窟。窟门及窟内有题名，说明此窟是彩帛行和香行的商人共同出资营造的。

从以上窟铭还能了解到当时行会的组织状况，如"社官""录事"等职务，反映了当时丝、帛、香行业的繁荣。该组织成员中既有安、康、史、何等中亚昭武九姓的后裔，又有传统的中土人士，他们在商业贸易的同时，参与了宗教活动，推动了龙门石窟佛教的发展。

（四）陶瓷窑址：唐三彩与唐青花

1. 基本内涵。巩县窑遗址主要包括瓷窑遗址和三彩窑址两大区块。瓷窑遗址以烧白瓷为主，兼烧黄、绿、酱等颜色釉的陶瓷，始于北朝，发展于隋，盛于唐，式微于宋金。唐三彩窑址也就是黄冶窑遗址，以烧制低温三彩器为主。遗址面积大，延续时间长，产品类别丰富，是中原北方地区最著名的窑址之一。

窑址以北约1.5公里是洛水与黄河的汇流处，隋唐、宋金时期设有洛口驿，是沟通大半个中国水上交通的漕运枢纽，也是陆上东西交通的要道，使唐三彩的外运具有良好的条件。

经考古发掘，遗址中清理出唐代的作坊和窑炉遗迹，出土了大量的制瓷工具和实物标本，真实地展现了隋唐时期白瓷和三彩的工艺流程及其艺术成就，是研究中国古代陶瓷不可或缺的内容[①]。

2. 发掘成果。巩县瓷窑遗址清理出瓷窑等重要遗迹，出土白瓷、黑瓷和低温釉彩瓷等重要文物，器物常见的有碗、盆、罐、瓶、壶、钵、盒等生活用具。施釉薄而匀称，色泽润亮，微闪青光。有的瓷器壁薄仅2毫米，瓷胎坚硬，造型规整，呈半透明状态，极为精美。

黄冶唐三彩窑址是目前河南省发现的唯一一处唐三彩专业窑址，它创烧于初唐，中唐发展成熟并达到鼎盛，晚唐继续发展，宋金时期停烧，烧造历史长达500余年。经过多次调查与发掘，已发现十多个窑炉和作坊遗迹，出土一大批三彩器皿、俑、窑具、模具和建筑构件等。

初唐时期的三彩制品种类少，造型简单，基本保持着隋代的风格。随着烧造工艺技术的不断提高，黄冶窑三彩产品种类和数量大增，形成批量化、系列化生产。在工艺、造型、装饰、釉彩等方面创出了自己的独特风格。产品除了大批的俑类、三彩陶塑工艺品和玩具外，大宗产品是各类三彩生活器皿，并开始创烧绞胎制品。盛唐、中唐时期，黄冶三彩制品和绞胎制品以及各种单彩色釉陶瓷制品进入全面发展的顶峰阶段，产品胎质坚硬，

[①] 河南省文物考古研究院等：《巩义黄冶窑》，科学出版社，2016年5月，北京。

瓷化程度较高，在装饰手法上除盛行贴花工艺外，又创造出别具特色的刻花、印花、填彩工艺。晚唐时期，黄冶窑三彩制品的生产因受社会动乱的影响有所缓滞，但仍有不少精品问世。三彩器皿、三彩玩具与小型陶塑工艺品依然为大宗产品，各种动物兽枕是这个时期出现的一个新品种。

特别重要的是，在唐代中晚期地层内出土一批白釉洒点蓝彩的器物，釉色纯净，火候较高，尤其是在晚唐地层内清理出的几件高温钴蓝青花瓷，纹饰清晰，色泽鲜艳，为唐代青花瓷的产地找到了实物依据。唐青花瓷起源和产地的研究一直是国内外陶瓷界关注的焦点。在此之前，江苏扬州唐城遗址曾出土晚唐青花瓷标本，1999年在印度尼西亚海域发现的一艘9世纪的"黑石号"沉船，出水3件完整唐青花瓷。经测试研究，确认这批唐青花应该是河南巩县窑的产品，从而为青花瓷的起源提供了重要的实物依据。

3. 价值意义。 巩义瓷窑和黄冶唐三彩窑址的发现与发掘，不仅再现了唐代白瓷和唐三彩制作的工艺流程，而且从考古学上解决了唐青花瓷的起源问题，并为《新唐书》中记载的河南府开元贡白瓷的研究提供了重要线索。

黄冶窑创烧出色泽艳丽、造型华美的唐三彩，把中国低温釉陶瓷的制作推向一个新的高度。河南境内的洛阳、巩义、郑州地区

巩义市黄冶窑址Ⅲ区发掘现场

白釉蓝彩碗

马范

三彩三足炉

黄冶窑址Ⅱ区4号窑炉（右）、5号窑炉（左）

唐墓所出三彩制品与黄冶窑址出土的三彩制品，在造型、胎质、成型工艺、装饰手法、釉彩以及艺术风格等方面基本与其相同，证明这些唐墓所出三彩制品大部分产于黄冶窑场。此外，黄冶窑还有一定数量的产品供外销，流传至日本、朝鲜半岛、东南亚和西亚、非洲等地，说明该窑址不仅满足上层社会和普通民众的日常生活和丧葬需求，而且还有一部分用来外销，促进了唐代的中外交往，丰富了丝绸之路商业和文化交流的内容，在中国陶瓷史上以及丝绸之路的研究中具有特殊的意义。

安菩墓出土的罗马金币

该窑址发掘出土的一批唐代青花瓷器，不仅解决了扬州唐城遗址出土的以及印尼"黑石号"沉船出水的青花瓷器的产地问题，而且从地层关系上把青花瓷器的初创时间确认为唐代，重写了中国乃至世界陶瓷史。更为重要的是，巩义唐青花蓝彩与地中海沿岸以及中东地区蓝彩陶瓷的比较研究，在更为宏观的学术层面展现了中外文化交流的成果，也从另一个角度体现出了隋唐时期中原地区兼收并蓄和开放自信的文化胸襟。

（五）墓葬：安菩与寓居洛阳的西域人

1981年，洛阳龙门东山北麓发掘了一座唐墓，根据出土墓志的记载，可以确认这是一座寓居中原的西域人安菩夫妇的墓葬[①]。

墓志名为《唐故陆州胡大首领安君墓

安菩墓出土的三彩胡人俑

志》。据此可知，墓主人安菩的先辈是安国（今乌兹别克斯坦共和国之布哈拉）大首领，

---

① 洛阳市文物考古研究院：《洛阳龙门唐安菩夫妇墓》，科学出版社，2017年9月，北京。

安菩墓出土的三彩胡人俑

安菩墓出土的三彩商旅骆驼，驼囊上为祆教神像

破匈奴后归附中国，是"昭武九姓"之一。安菩承袭了安国首领并被封为定远将军。唐景龙三年（709年），安菩夫妇合葬于洛阳龙门。

安菩墓既有明确的融合中原与西域文化因素的人物，还有与之相关的历史事件和宏大的社会背景，也有反映丝绸之路商贸交流成果的唐三彩和罗马金币，是丝路文物中较为罕见的案例。

以安菩为代表的西域人士，在中原地区既有商贸经营的，也有参与到政治活动中的，还有具有宗教身份的，更有兼具商人、官员和祭司身份的人，是对这一时期寓居洛阳西域人的具体形象和内涵的诠释。

三、小结

自汉武帝派张骞出使西域、凿空中西交通以后，连接中国与西域的丝绸之路正式开通。东汉政权建立后，时有兴废的丝绸之路随着新兴政权的巩固和国力的恢复又开始重现生机，尤其至汉明帝时期，班超出使西域，乃使"于阗诸国皆遣子入侍。西域自绝六十五载，乃复通焉"（《后汉书》），东汉政府随后在西域"始置都护、戊己校尉"，中原地区随之成为东西方文化交流、商业贸易、对外联系、内外交通等方面的中心。

隋唐时期把洛阳作为东都，武则天时期更是将洛阳更名为神都，洛阳成为中原王朝与西域诸国商业和文化交流的决策中枢。中原王朝派出的交流使节均是从洛阳出发的，而西域各地的使节与商人也大多以洛阳为目的地。丝绸之路也因洛阳的存在而得以延长，交流的内容也更加广泛和深入。

无论汗牛充栋的文献记载，还是形象具体的出土文物，都充分彰显了中原地区在隋唐时期与丝绸之路的密切关系。其间所蕴含的中原地区文化面貌和中外文化交流的信息，尚待更多的考古发掘和更加深入的学术研究。

图书在版编目（CIP）数据

中国·唐：一个多元开放的朝代：7 至 10 世纪 / 中国文物交流中心编著 . -- 北京：世界知识出版社，2024. 10.
ISBN 978-7-5012-6860-3

Ⅰ . K871.43

中国国家版本馆 CIP 数据核字第 20241VY084 号

中国·唐——一个多元开放的朝代（7 至 10 世纪）

编　　著	中国文物交流中心
策划编辑	张　旭
责任编辑	陈依尼　张　艳　石　尚
责任出版	李　斌
装帧设计	张　维
出版发行	世界知识出版社
地　　址	北京市东城区干面胡同 51 号
邮　　编	100010
网　　址	www.ishizhi.cn
印　　刷	北京雅昌艺术印刷有限公司
开　　本	889 毫米 ×1194 毫米　1/16　20.5 印张
字　　数	205 千字
版　　次	2024 年 11 月第一版
印　　次	2024 年 11 月第一次印刷
书　　号	ISBN 978-7-5012-6860-3
定　　价	468.00 元

版权所有　侵权必究